SOBREVIVIR, ADAPTARSE Y TENER ÉXITO EN LA EMPRESA DE HOY.

William Alexandre

Sobrevivir, adaptarse y tener éxito en la empresa de hoy.

¿Y si ser un empleado en tiempos de crisis fuese la oportunidad de su vida?

Great Midlands
PUBLISHING

ISBN 978-1-916702-06-6

Traducción : Liliana Arenas

Portada realizada por Patrick Grimaldi
www.patrickgrimaldi.net

Tabla de contenidos

A todos los que me amaron, me ayudaron, me apoyaron.

A todos los que me odiaban, me hundían,
me humillaban, me traicionaban.

Sin ustedes, nunca lo hubiese logrado

Gracias a todos.

Introducción

¿Está usted feliz de ir a trabajar todas las mañanas? Si es así, usted hace parte de una feliz minoría. Recientemente, leí un artículo inspirador: un estudio mostró que nueve empleados sobre diez contestaron NO a la pregunta precedente. Pero, ¿necesitamos estudios o estadísticas para darnos cuenta de una realidad que nos afecta a la mayoría, de manera personal o a través de quienes nos rodean?

Pero entonces, ¿quién puede sentirse feliz de ir a trabajar todas las mañanas? ¿Quién puede estar feliz de ir a luchar por un salario que, una vez pagados los impuestos, los pagos mensuales de crédito, las facturas, los costos de educación de los hijos... no deja mucho para sí mismo? ¿Quién puede estar feliz de pasar tiempo todos los días con personas que no apreciamos especialmente, jefes a veces ingratos y que añaden un estrés tóxico con el fin de lograr sus objetivos? ¿Quién puede estar feliz de tener que mantener un perfil bajo, de perder parte de su personalidad, de renunciar a veces a su dignidad por miedo a perder su bono o encontrarse desempleado?

Desempleo. Esta espada de Damocles que puede golpear a cualquiera, en cualquier momento, a buenos y malos empleados, al más trabajador y el más perezoso, al más leal y el menos comprometido. Esta espada de Damocles que lo hace a usted incapaz de cumplir con sus obligaciones financieras, que lo excluye de su círculo social, de sus amigos, a veces de su propia familia, que puede hacerle perder el equilibrio y hasta destruirlo internamente.

Muchas personas a mi alrededor han experimentado el desempleo. Empleados, técnicos calificados, ingenieros, gerentes de grandes y reconocidos grupos. El más holgazán para los estudios y también el mejor alumno. Desde los que no tienen ningún diploma hasta los graduados de las escuelas más prestigiosas del planeta. Empleados de pequeñas empresas, así como empleados de grandes grupos «too big to fail». Jóvenes y mayores. Ningún empleado es inmune al desempleo. Ninguno.

El riesgo es aún mayor a medida que avanza la edad y se intensifica la competencia global. Pocas personas saben, por ejemplo, que muchos proyectos de ingeniería (vías, ferrocarril, ...) se llevan a cabo ahora en lugares como India, Túnez o Europa del Este... La inteligencia artificial, por otro lado, está dando grandes pasos y amenaza a aquellos de nosotros cuyo trabajo, hábil o no, tiende a ser repetitivo. Los estados en quiebra y los sistemas de pensiones deficitarios imponen trabajar durante un periodo de tiempo más extenso. Pero, ¿qué hacemos cuando las empresas buscan deshacerse de los mayores de 50 años para reclutar jóvenes, si los jóvenes también tendrán 50 años?...

¿Cómo es posible disfrutar plenamente de su vida como empleado? ¿Cómo ganar serenidad, comodidad e independencia?

Ciertamente, la solución ideal es ser independiente económicamente. Ciertas lecturas sobre estos temas son excelentes y contribuyen a cambiar positivamente la vida de los que las leen. Incluido este libro, por cierto.

Pero, la solución ideal no es tan evidente a poner en ejecución. Primero, crear su propio negocio no es para todos. Hay, ante todo tener una idea susceptible de ser económicamente viable: esto no es evidente.

Hay que tener un capital. ¿Pero cómo hacer cuándo el ahorro del hogar representa como máximo algunos años de salario y cuando toda una familia debe vivir de este ahorro en caso de desempleo o si un imprevisto se presenta? ¿Cómo correr el riesgo de comprometer el dinero para la educación de los hijos? ¿Cómo lograr un margen de ahorro importante cuando hay que hacer frente a los impuestos, a las cargas financieras y las cargas familiares?

También hace falta tiempo. ¿Pero cómo tenerlo cuando se trabaja siete u ocho horas al día, pasando dos horas en los transportes o en el coche, debiendo participar también en la vida familiar? El tiempo libre durante el fin de semana es ya bastante limitado para la familia y todavía más para sí mismo.

También hace falta un detonante y suerte. Algunos encuentran este detonante a los veinte años, otros(as) a los cincuenta y otros nunca. En cuanto a la suerte, desgraciadamente no siempre está presente en el buen momento...

Finalmente, hace falta coraje. El coraje de superar los miedos, a veces anclados profundamente como el miedo del fracaso o la mirada de otros, el coraje de luchar contra sus demonios interiores o sus convicciones limitantes, el coraje (o inconsciencia) de aceptar perder lo poco que se tiene.

Ganar la independencia, es más fácil decirlo que hacerlo y para muchos, el salario es (desgraciadamente) la única opción factible.

¿Pero entonces cómo hace este único empleado sobre diez para estar feliz de ir a trabajar cada mañana?

Déjeme contarle brevemente la historia de un tipo valiente que conozco bien.

Él proviene de una familia de clase media, hijo de empleados de bancarios. Tuvo una infancia relativamente feliz sin ser demasiado mimado. Era más bien tímido, acomplejado y se encerraba en sí mismo. Se sentía más a gusto con un ordenador que con las jovencitas que a la vez lo atraían, pero también lo intimidaban. Él no tenía la seguridad que tienen otros granujas que fascinan a las chicas en la adolescencia y hacen envidiosos otros.

En la escuela, era un alumno promedio, incluso más bien mediocre en ciertas disciplinas como la química o la física. En deporte, hasta era un caso sin esperanza. Sentía sin embargo un profundo interés hacia las ciencias económicas, la historia y las matemáticas. De hecho, quería continuar sus estudios universitarios en economía. Sin embargo, sus profesores y los consejeros de orientación lo minimizaban repitiéndole que él no tenía talento para los estudios y que debería contemplar la idea de realizar una formación corta y trabajar rápidamente.

De un testarudo natural, él a pesar de todo, integró una universidad de economía y trabajó muchas noches para ponerse al día con su retraso. Al cabo de un período de dos años, él integraba la universidad más prestigiosa de economía y gestión del país. Otros años más tarde, obtuvo un master en finanzas y un master en economía.

Su carrera no comenzó nada mal, pero conoció rápidamente el desempleo. Se dio cuenta que sus diplomas no eran una protección y que la competencia era feroz. De este modo se fue a Londres, a trabajar para un prestigioso grupo financiero británico y cinco años después estaba nuevamente desempleado. En paralelo de trabajos precarios, intentó lanzar su propio negocio sobre la base de competencias que ya había adquirido, sin éxito. Él se sentía más loser que nunca, listo para abandonar todo.

Se resignó entonces a buscar un nuevo empleo y fue reclutado como ejecutivo en una de las sociedades más importantes de ingeniería a nivel mundial. Después de un año, una importante petrolera le ofrece un puesto en Suiza, triplicando inmediatamente su remuneración.

Cuatro años después, esta sociedad le ofrece un puesto en su sede principal, triplicando de nuevo su remuneración.

En seis años, este tipo valiente había multiplicado por nueve la remuneración de ejecutivo, a pesar de que había vivido varios meses del salario mínimo y de los subsidios del desempleo. Entre tanto, había contribuido, en el seno de esta importante petrolera, a generar más de 300 millones de dólares...

Este tipo valiente no era más un loser. Él no era más un coste, ni una carga financiera para sus empleadores. Comenzó a generar más, mucho más, de lo que costaba. Él no era más un gasto, una carga, sino una inversión (muy) rentable. Él no era más un loser, sino un reconocido experto en su campo por su experiencia y liderazgo, ya no ahorraba 40 dólares en su factura de calefacción, sino que facturaba más de 2000 dólares diarios.

Este buen tipo, probablemente ya lo haya adivinado, soy yo.

En este libro, no quiero venderle sueños. Sencillamente porque no tengo ninguno a la venta.

Tampoco le venderé una receta milagrosa por la misma razón. No, en este libro, solo quiero compartir con usted las lecciones fundamentales que he aprendido de mi camino y que han funcionado, porque no deseo que nadie experimente el desempleo, ni sufrir el miedo que él engendra y sus sufrimientos asociados.

Hoy, no vivo más en el miedo del desempleo. Soy un empleado feliz, viviendo cómodamente, cada día un poco más. No sólo aprendí a protegerme del paro, sino que aprendí a sentirme útil y feliz como asalariado.

Estas lecciones fundamentales que obtuve de mis experiencias personales, quiero compartirlas con usted. Veo a menudo a numerosas personas que, sin importar su grado, sus diplomas, su salario o su experiencia, no están felices en su empresa y este espectáculo es difícil de soportar. Lo es tanto más ya que lo viví, las grandes tendencias de nuestra economía y de nuestra sociedad empujan a las personas hacia una precariedad cada vez más duradera.

¿Cuántos, aunque impulsados por buenas intenciones y buena energía, han perdido el entusiasmo a lo largo de los años trabajando en una empresa? ¿Cuántos están desmotivados por la falta de reconocimiento y respeto de la parte de sus superiores? ¿Cuántos son desalentados por la negligencia de ciertos colegas que comprendieron que haciendo menos obtienen lo mismo, o incluso más? ¿A cuántos les gustaría buscar en otra parte si la hierba fuese más verde? Pero los prados escasean cruelmente y hay que resignarse con lo que se tiene, aunque eso signifique perder una parte de sus propios valores.

Leí libros, miré vídeos e intercambié con «coaches», «expertos», profesionales del desarrollo personal, de la gestión de carrera que, para la mayoría, nunca fueron otra cosa que unos costes para sus empresarios pasados. Algunos hasta hablan de supervivencia en empresa cuando ellos nunca trabajaron en empresa ni generaron el menor céntimo para una empresa o hasta están en desempleo... Cuando usted es competitivo, que usted produce dinero, incluso mucho dinero, su empleador por regla general quiere consérvalo y busca lograrlo por todos los medios. Cualquiera que sea medianamente sensato no transforma la gallina de los huevos de oro en nuggets...

Son estos falsos expertos quienes también me hicieron tomar la decisión de escribir este libro. Las palabras de este texto son extraídas de un éxito real. No del éxito de otra persona. El mío. Únicamente el mío.

Es el sentimiento de querer sentirme útil que fue mi motor para escribir estas líneas. Hace mucho bien sentirse útil, poder contar su historia esperando que será provechosa para los que la leen. ¿A quién no le gusta contar las historias vividas a sus hijos esperando que aprenderán de ellas una lección de vida beneficiosa?

También, espero que mi experiencia sea útil para usted y que este libro le ayudará a ganar en bienestar en su actividad profesional. Para facilitar la lectura, la estructuré en varias partes. Cada una es un requerimiento para continuar la siguiente parte.

En primer lugar, hay que poner en claro lo que es una empresa y eliminar de una vez para siempre los mitos y las leyendas que causan tanta decepción. Hay que ver y aceptar la realidad tal como es para evitar severas desilusiones.

Es importante tener un perfil fuerte. Un perfil fuerte asocia destrezas, las técnicas, las experiencias, pero también un conjunto de valores humanos fuertes, aptitudes interpersonales y una mentalidad particular.

En cuanto usted tenga un perfil fuerte, o comience a tenerlo, es hora de actuar. Digo bien actuar, no desear, soñar, suponer o fantasear. Pero actuar no es suficiente: hay que actuar correctamente. Es por eso que pasaremos tiempo sobre la elección de las acciones a realizar y cómo llevarlas a cabo. Acciones bien estudiadas, bien dirigidas y bien ejecutadas conducen casi siempre al éxito. Siguiendo estos principios, muy pocas de mis acciones fracasaron. Limito su número, en general estas acciones son muy pocas, pero concentro toda mi energía en aquellas en las que me focalizo.

Sin embargo, este éxito es frágil y hay que saber explotarlo. Si no, otro lo hará en su lugar y en general, usted se dará cuenta demasiado tarde. Compartiré con usted mis principios y mis astucias para explotar no sólo los éxitos cumplidos, sino también saber capitalizarlos.

Finalmente, evocaré con usted la independencia financiera. Para algunos, es una realidad. Para otros, un ideal sublimado o un sueño inalcanzable. Si todo el mundo sueña con eso, es porque la independencia financiera es el único medio de desembarazarse de la espada de Damocles del desempleo. Es el único medio de escoger trabajar o no, para que, para quién y cómo.

Mi experiencia me ha enseñado a sobrevivir en una empresa y a disfrutar mi trabajo. Pero ayudar a mi empleador a generar millones de dólares suplementarios al año, me permitió multiplicar indirectamente por nueve mi remuneración precedente. Este pago suplementario de renta, incluso viviendo mejor, me ayuda a tener una capacidad de ahorro importante y poco a poco adquirir mi independencia financiera. El hecho de aprender a sobrevivir y a progresar en una empresa, ha creado espontáneamente una pasarela entre mi situación y la independencia financiera. Cada año, progreso un poco unos metros más sobre esta pasarela. Eso que me parecía inalcanzable hace diez años, se hizo finalmente realidad de una manera más bien simple y natural.

Mi experiencia me devolvió el gusto de ser empleado, recuperé el control de mi vida y hoy, sin ningún esfuerzo particular, me dirijo hacia esta independencia financiera con la que cada uno sueña, como empujado por una corriente a la vez vigorizante y tranquilizadora. Compartiendo con usted estas lecciones fundamentales que pude adquirir de mi experiencia, espero que usted también se sienta realizado en su trabajo y caiga en esta corriente agradable que le arrastrará hacia la independencia financiera.

1. La empresa : uno para todos, cada uno para sí mismo

Un gran número de personas se hace una imagen muy subjetiva de lo que es una empresa, sea idealizándola o diabolizándola. Para conseguir una estrategia personal, hay que conocer bien el medio ambiente en el cual usted va a evolucionar. Esto quiere decir considerar con cabeza fría los hechos, analizarlos con la razón, y no con suposiciones, sueños o emociones, usted podría sufrir serios desengaños.

Evitar estos desengaños es esencial. Usted acabará probablemente por sufrir de haber idealizado un entorno de trabajo mucho más duro de lo que imaginaba. A la inversa, podría también sentirse frustrado de haber diabolizado la empresa, de haber huido o haber subestimado el potencial de un contexto rebosante en oportunidades.

Por otra parte, usted deberá trabajar guardando sus valores humanos, lo que hace de usted un hombre o una mujer a veces en un entorno que empuja a las personas a renegar de toda o parte de su humanidad. Tener presente la dura realidad de este ámbito en el cual usted evoluciona, le permitirá preservar y desarrollar lo que hace de cada uno de nosotros un ser humano íntegro.

Vamos pues en esta primera parte a crear el ambiente propicio y recordar algunos fundamentos útiles.

1.1.
Una empresa tiene como objetivo el beneficio, no lo social

Una empresa es, por definición, una entidad jurídica cuyo fin es de hacer beneficios o economías. Nada más.

A partir de esta idea, hay que guardar los pies sobre tierra. No es un club de amigos, no es una gran familia, no es una organización social que debe darle algo sin contrapartida de su parte.

Su relación con la empresa es simple. Es su contrato de trabajo. Usted trabaja un cierto número de horas, para una misión dada. Como contrapartida recibe un pago. Es todo, ni más ni menos.

Guarde siempre esto en mente, no importa cuál sea su posición, su grado o su nivel de remuneración. Usted no debe nada más a la empresa aparte de lo que usted aceptó en su contrato. La empresa no le debe nada más de lo que esta aceptó en el contrato.

Su contrato de trabajo es un trato. Y todo buen profesional se acoge en a este trato firmado.

Es la regla de base.

1.2.
Usted no es indispensable

Salvo en ciertos casos excepcionales, la empresa existía antes de que usted llegara. Esta puede existir y funcionar en su ausencia. Asimismo, la empresa existirá y funcionará cuando usted se vaya. Desde el obrero al director general, pasando por los ingenieros o los contables, todo el mundo puede ser reemplazado. Todo el mundo.

¿Usted cree que sabe hacer cosas particulares? ¿Cree que la organización que usted ha puesto en marcha le hace indispensable y qué sin usted estará bloqueado todo? No se inquiete. Sus colegas sabrán adaptarse y si tal vez el trabajo no se realizará tan bien como usted lo hace, de toda manera será hecho. Su ausencia causará únicamente una pequeña molestia de unas semanas, o algunos meses a lo máximo.

Mire alrededor suyo. ¿Acaso la actividad de la empresa se detiene cuando alguien se pensiona, renuncia, se va de vacaciones, se ausenta por maternidad o por causas de salud? Claro que no. Después de su salida, no es raro que un pequeño grupo de buitres hasta venga para devorar lo que queda sobre su escritorio. Grapadora, pantalla ... todo lo que pueda ser útil será arrebatado. ¿Y quién puede acordarse de quién estaba sentado en ese escritorio hace tres meses? ¿Cómo se llamaba esta persona? No mucha gente.

En cambio, como empleado, es más bien la empresa que es indispensable para usted. Porque sin ella, no hay ningún salario.

1.3. Yo primero, los otros después

Que se lo quiera o no, la naturaleza humana es egoísta. La palabra no es despectiva. Antes de pensar en el bienestar de sus colegas, pensamos bien evidentemente en nuestra supervivencia personal.

Conocí situaciones de crisis en donde fueron planeadas reducciones del personal. Repentinamente, los colegas que antes fueron amistosos se transformaron en competidores temibles y sin piedad, yendo hasta a facilitar los errores de su vecino para que éste se vaya primero, en su lugar. El gerente simpático y paternalista se convertía en un cazador de cabelleras que eliminaba uno por uno a cada miembro de su equipo. El espíritu de equipo, tan predicado e inmortalizado por las fotos de team buildings, había dejado lugar a la ley de la jungla más feroz que se pueda imaginar. Todos los que han vivido estas reducciones del personal saben de qué hablo.

Usted debe pensar en usted en primero. Y no hay que sentir vergüenza de esto. Si usted tiene escrúpulos, ¿cree que sus colegas pensarán en su bienestar antes que el de ellos?

Veremos más adelante en este libro que, hasta pensando en usted primero, hasta sin fallar en esta regla, su éxito en la empresa dependerá ampliamente de su capacidad de converger sus intereses con los de la empresa, es decir el provecho, y también hacerlos coincidir con los de sus colegas.

1.4.
Usted sirve a sus jefes, ante todo

La empresa es una persona moral. Ella no piensa, no toma decisiones, no recluta, no promueve, no despide. Es una entidad jurídica que existe sólo sobre el papel al registro mercantil.

Su jefe, puede influir incluso decidir un reclutamiento, una promoción o un despido. El jefe de su jefe también puede hacer lo mismo con él. El comité ejecutivo es también nombrado, o agradecido por los accionistas y sus bonos son decididos por el comité de las remuneraciones.

Todo el mundo tiene un jefe. Usted depende de su jefe, lo mismo que él depende del suyo y así sucesivamente.

Uno de los pilares del éxito de su carrera será aportar a sus jefes lo que pueda meterlos en valor frente a los jefes de ellos mismos.

Porque la gratitud no es algo natural ni en una empresa ni en la política. Es bastante raro. Usted deberá cerciorarse de los golpes bajos, de las promesas falsas, del riesgo de apropiación de su trabajo de parte de su jefe. Y no solo eso.

Pasaremos tiempo en este libro para ayudarle a aportar este valor añadido a su cadena jerárquica, valorizándole y administrando los riesgos asociados. Es fundamental conseguir esta etapa. Sin ella, aumentan sensiblemente no sólo los riesgos atados a su supervivencia, sino que casi elimina toda posibilidad de una progresión eficaz.

Finalmente, no olvide este viejo adagio: no muerda la mano del que le alimenta.

1.5.
Usted está rodeado más de enemigos que de amigos

La empresa, es una jungla moderna. El peligro está por todas partes. Sin embargo, parece ausente. Este ambiente cubierto con fieltro, esta gente amable y sonriente, estas reglas éticas, estos procedimientos, este patrón atento que le pide regularmente las últimas noticias de su hijo pequeño, transmiten en efecto una imagen de seguridad y comodidad. Esta imagen es sólo una percepción, una ilusión que nunca debe hacerle olvidar los peligros que reinan en la empresa y que le amenazan permanentemente.

La naturaleza humana es lo que es, y usted no la cambiará. Cada uno posee sus buenos lados y su cara más sombría. Hay que saber lidiar con esto y, sobre todo, no hacerse ilusiones.

Esto implica que las personas alrededor de usted en la oficina son normales, a pesar de la diversidad de sus perfiles. La mayoría no le juzgarán de manera racional, sino sobre una base de emociones que sentirán con respecto a usted.

La envidia es así un creador poderoso de enemigos en el seno de una empresa. ¿Usted obtuvo el cargo ansiado por otra persona? ¿Su vehículo o su esposa son más bellos? ¿Su casa es más grande? ¿Sus hijos tienen éxito en sus estudios? ¿Parece feliz? Entonces tiene grandes posibilidades de que su éxito y su felicidad irriten a los espíritus mezquinos y envidiosos que le rodean. Su equipo, sus colegas, su o sus patrones: cualquiera puede tener envidia de su situación, y sobre todo cualquiera puede hábilmente disimularlo. Deberá saber gestionar los envidiosos, saber utilizarlos a buen fin, administrar los riesgos asociados (rumores, errores tipográficos en un documento...) y transformarlos en seguidores. Volveremos allá más adelante en este libro.

La codicia es otro creador poderoso de enemigos, muy atado a la envidia. La diferencia es que la codicia no es un sentimiento simple como la envidia. La codicia crea un objetivo que el codicioso va buscar alcanzar a través de acciones a veces inesperadas. Alguien que ansía su puesto va así a hacer lo posible para que usted fracase. Un superior en busca de éxito puede ansiar el suyo, si usted tiene éxito.

Así como los envidiosos, un codicioso puede ser cualquiera y llevar una máscara de personaje simpático y de confianza. Y también en este caso, usted puede transformar los codiciosos en seguidores, transformar su poder tóxico en poder positivo. Y en este punto, le explicaré más adelante cómo he llegado a hacerlo.

Los cizañeros y otros portadores de chismes también pueden ser una molestia incluso un peligro. Son a transformar también en seguidores... y también puede utilizarlos más tarde para su propia red de comunicación. Volveremos a este tema más adelante.

Las manzanas podridas, los charlatanes, los abusivos, los mitómanos... son peligrosos solamente si no son identificados como tales y si usted cuenta con ellos. Su inacción, frecuentemente acumulada por una ausencia de competencias reales, hace que no sea posible contar con ellos. Trate únicamente de identificarlos para mejor esquivarlos más adelante.

En ciertas empresas, usted encontrará clanes que se enfrentan. No se una a ningún clan. Podría costarle caro. Hasta si un clan tiende a perder terreno en provecho de otro, un revés de último minuto impidiendo al favorito de ganar es siempre posible. Manténgase neutro. Sirva de manera indiferenciada, con el mismo profesionalismo a cada uno de los miembros de los dos clanes. Usted es un profesional, no un partidario y así es como ganará la confianza de cada uno de los clanes. Poco importa quién será el ganador en al final.

Nunca olvide su objetivo: sobrevivir y progresar.

Sus enemigos harán el máximo para hacerle fracasar. Su tiempo y su energía son preciosos: no los despilfarre en luchas inútiles, que le agotarán a la larga y corre el riesgo de que un día estos le sean fatales. Guarde más bien su energía para las etapas siguientes y convertir a sus enemigos en partidarios, o en seguidores.

1.6.
Lo que parece ilógico o idiota nunca lo es

¿Quién nunca hizo frente a situaciones rocambolescas en una empresa? Sea como empleado, socio o cliente, cada uno de nosotros vivió situaciones increíbles e incluso delirantes, que producen carcajadas memorables.

Pasa, sin embargo, que ciertas situaciones increíbles acaban en tragedias. ¿Cuántos dirigentes de alto nivel tomaron decisiones en apariencia totalmente ilógicas, estúpidas, conduciendo a la caída, incluso a la quiebra de su empresa? Cuando esto se produce en un gran grupo, los comentarios van a surgir: ¿cómo una persona de este nivel pudo tomar una decisión tan inconsiderada? Un poco como las derrotas militares que son fáciles de comentar cien años después sobre su sofá...

Comentar o tener una opinión es cosa fácil. Ninguna experiencia o competencia es requerida. Cualquiera por consiguiente es capaz de eso. Pero comprender precisamente el origen de una situación, o de una acción, requiere más esfuerzos.

Toda situación, o toda acción, «estúpida» es el resultado de un camino lógico. Es la consecuencia de una información incompleta o inexacta. Aquel que la produce, por diferentes razones (falta del tiempo, falta de recursos, falta de experiencia...), no tiene forzosamente toda la información requerida para actuar de la manera correcta. Un informe o una cifra pueden también resultar inexactos. A veces, los acontecimientos ofrecen únicamente malas opciones y conviene en ese caso escoger la menos perjudicial.

Estos errores tienen desgraciadamente habitualmente impactos sobre la empresa. Pueden costar tiempo inútil para los empleados, pueden transformar inversiones en pérdidas, pueden hacer perder clientes y clientes potenciales...En definitiva, cuestan dinero a la empresa al final. Y la empresa tiene como objetivo el beneficio.

Estos errores son oportunidades excelentes que hay que explotar. Comprender el mecanismo quién los engendró, cifrar la pérdida o el lucro cesante para la empresa y aportar una solución concreta le harán sobresalir y de seguro ganar puntos. También recibirá el respeto de todas las personas damnificadas por esta situación.

Conclusión: nada es idiota o ilógico. Si algo parece idiota o ilógico, mire más de cerca. Es tal vez una oportunidad para usted.

1.7.
El limón exprimido

¿Qué hace usted cuando exprime un limón? Consume el zumo y luego lo desecha.

Cuando alguien no le aporta nada aparte de problemas, o en un momento dado se hace una molestia: ¿qué hace usted? En general, se distancia.

Es la misma cosa con un empleado. Mientras usted tiene trabajo que hacer, mientras que usted contribuye a la riqueza de la empresa, mientras sus patrones tiren ventaja de su trabajo, mientras la empresa vaya bien, usted es un árbol de limones. Lo que es más bien positivo para su supervivencia a corto y mediano plazo.

La situación es arriesgada a la inversa si usted ha sido reclutado para una misión y que ésta toca a su fin. ¿Su carga de trabajo disminuye o tiende a ser trasladada a otra parte? ¿Su empresa muestra resultados que se degradan? ¿usted está en un departamento o un sector que pierde velocidad? Usted corre peligro de ser un limón exprimido o de formar parte de un grupo de limones exprimidos.

El limón exprimido tiene una esperanza de vida limitada en la empresa. Y la empresa misma puede enceguecerle. Ciertos limones exprimen otros limones, olvidando que ellos son también limones...

Sobrevivir en una empresa le obliga a huir del status de limón y todavía más el de limón exprimido.

Si a algunos les gusta tener el papel de exprimidores de limones, y se sienten en seguridad en este papel, personalmente, a mí nunca me agradó por dos razones. La primera es que, sobre un plan humano, no me siento a gusto en este rol que es contrario a mis convicciones. La segunda es que, cuando no hay más limones que exprimir, el exprimidor mismo de limones se hace un limón susceptible de ser exprimido cuando llegue su turno.

Prefiero plantar un limonero, mejor poner en marcha una plantación de limoneros, donde las personas no tienen que ser exprimidas, pero en cambio se convierten en cultivadores. Usted aporta así más valor a la empresa, la competencia interna se hace una cooperación y sus adversarios, al sacar provecho de sus resultados y de la seguridad que usted les aporta, se hacen sus seguidores.

Desde hace algunos años, no hago más que plantar limoneros. Nunca me ha arrepentido. Mi plantación contribuye cada año a generar millones de dólares, lo que deja a mis jefes muy satisfechos.

Hace algunos años, estaba en competencia. Estaba exprimido como un limón. Vivía más bien mal y la energía que debía desplegar para sobrevivir me agotó con el tiempo hasta enviarme al hospital. Hoy, no vivo más en competencia, ya no tengo prisa y me siento sereno. Estoy tranquilo, duermo mejor. Tengo más tiempo libre para mí y para aquellos a quienes quiero.

1.8.
Una máquina que puede triturar a los individuos en profundidad

La repetitividad, la falta de sentido común, la falta de perspectivas y de evolución, la implementación de empresas por consultores recién salidos de la universidad, son factores que pueden volver el trabajo aburrido, ingrato y tedioso.

Si a esto se añade una gestión de empresa mezquina, desagradecida, divisoria autoritaria, con tareas inútiles requeridas por los «bullshit jobs», el trabajo puede fácilmente volverse desmotivador.

En ciertos casos, el hostigamiento moral o sexual, el favoritismo, la competencia entre los empleados para salvar sus puestos y el miedo permanente del desempleo pueden volver el trabajo infernal.

Ciertas empresas van hasta infantilizar a sus empleados, con frecuencia experimentados. Estas instalan futbolines, organizan seminarios que incluyen dibujos para colorear, juegos de ladrillos, globos... Desde hace unos años, hasta vemos aparecer de Chief Happiness Officers, psicólogos del trabajo. Es la humillación suprema para un profesional no importa cuál sea su profesión o su nivel jerárquico, ser tratado así, como niño o un enfermo.

Aburrimiento, cansancio, desmotivación, presión, miedo, infantilización: he aquí los ingredientes de un cóctel destructor de la personalidad. Como una copa diaria y usted terminará convertido en zombie, como muchos empleados. Estos últimos juegan a ser camaleones, imitando a su jefe, ejecutan órdenes estúpidas sin ni siquiera tratar de discutir, hacen bajo perfil para no atraer la atención en ellos. Adoptar el perfil «zombie» le agotará psicológicamente, humanamente e incluso físicamente. Destruirá también su vida privada y familiar de forma indirecta. Y ahí, prepárese para una estancia en el hospital o para bajar al infierno.

Si usted lee este libro, es probablemente que la vida de cordero en el seno del rebaño, la pérdida de dignidad, la vida en el miedo y la humillación no son su elección. Esta nunca fue mi elección tampoco. La sola solución es actuar para no sufrir más, o por lo menos actuar para sufrir lo menos posible.

Este cóctel destructor ya lo he probado y lo escupí inmediatamente, tanto su amargura era insoportable. En ciertos malos períodos, hasta traté de forzarme a apreciarlo, pero sin éxito. Con retrospectiva, no me arrepiento de nada y mi elección parece dar sus frutos con el tiempo. Aquellos que prosperan con este cóctel destructor, muy frecuentemente, no alcanzan mis resultados. En cuanto a la felicidad, es mi objetivo más importante, estos aficionados de la amargura parecen haberle puesto a esta desde hace tiempo una cruz.

Un buen profesional que también es un buen líder tampoco necesita servir este cóctel alrededor de él, ni ninguno de sus ingredientes. Al contrario, él prefiere celebrar sus éxitos con su equipo alrededor de una buena comida y de una botella de buen vino.

1.9. Las oportunidades están por todas partes

¡Ha sido así desde antes y siempre funciona muy bien! Hemos señalado el problema a la dirección desde hace años, pero nunca nadie hizo nada. Es culpa de la crisis. Los clientes son difíciles y frecuentemente devuelven los productos. Faltamos de efectivos. No tenemos los perfiles adecuados. Hay que reducir los costos. Nuestros competidores son mejores que nosotros...

Estas frases, y muchas otras, todos nosotros las hemos oído por lo menos una vez. Para la mayoría, es el destino. Es así. Hagamos con. Después de todo, esto no es mi culpa, no soy yo quién debe solucionar los problemas, no me pagan por esto.

Para usted que desea sobrevivir y evolucionar, esta montaña de fatalidad es una mina de oro. Todos estos problemas son tantas oportunidades que hay que coger para brillar, ser promovido y ser aumentado de sueldo.

Usted debe primero censar estos problemas y ponerlos en una lista. Deje arrastrar su oreja en la sala de descanso, hable y almuerce con personas de los otros departamentos, intercambie con los gerentes particularmente sobre las dificultades que pueden encontrar con su propio departamento.

Una vez efectuado el inventario, guárdelo para usted. No lo comparta.

Mire cada punto de su inventario, uno por uno. Trate de evaluar el impacto financiero de cada uno de los problemas. No es tan difícil, porque en una empresa, todo se calcula.

Por ejemplo, un contable pierde mucho tiempo en verificar operaciones. Usted puede fácilmente conocer la tasa horaria de un contable en Internet. Si puede crear con Microsoft Excel una pequeña rutina de control que verifique en parte las operaciones, para que el contable ahorre así el 20 % de su tiempo y reducir este tiempo despilfarrado del 20 %, puede crear una ganancia de productividad del 20 % de su salario. El 20 % de ese tiempo puede servir para otras cosas y puede ser que ya no se necesite reclutar a este nuevo asistente contable reclamado desde hace tiempo.

Hace algunos unos años, la baja del precio del petróleo impuso aumentar los volúmenes producidos para mantener en lo posible el volumen de los negocios. Desgraciadamente, no era posible aumentar la producción sin una inversión importante, y mi sociedad faltaba de recursos para invertir. Me acordé de una antigua discusión con uno de los directores técnicos que se quejaba de las detenciones recurrentes de la cadena de producción. Es entonces cuando me dije: si no podemos producir más, tal vez podemos producir mejor.

Entonces estudié las estadísticas diarias de producción por sitio y por país. Con la ayuda de ingenieros y de técnicos de terreno (¡insisto bien, de terreno, no de asiento!), asignamos el número de días de la cesación de producción a los diferentes tipos de problemas encontrados. La pérdida asociada era fácil para calcular: volumen producido por hora multiplicado por el número de horas de inactividad multiplicado por el precio de venta. Después miramos las soluciones simples y poco costosas que hay que poner en ejecución. ¿Por cada una, si se implementara, cual parte de las inactividades podría ser evitada? Al final, la ganancia de producción era de varios millones de dólares al año. En cuanto al coste de las acciones, el rendimiento previsto de la inversión iba del 300 % al 500 %. Nuestro pequeño grupo de trabajo había merecido más que su salario, y nuestros resultados fueron felicitados por nuestro director general y varios miembros del comité de dirección.

Ciertas acciones eran increíblemente simples. Por ejemplo, ciertos botones de frenos de urgencia fueron activados por casualidad muchas veces al año. La complejidad de la cadena de producción hacía que ésta estuviese bloqueada entre tres y cuatro horas, lo que corresponde a un lucro cesante de alrededor de 15'000 dólares cada vez. Sobre cuatro detenciones de la producción en un año, el coste era de unos 60'000 dólares. Colocando pequeñas viñetas sobre los botones, que costaban cada uno unos pocos dólares, el problema desapareció. Unos dólares contra 60 '000 dólares ahorrados al año, es decir 300'000 dólares en cinco años, 600'000 dólares en diez años... soluciones simples y poco costosas pueden resultar inversiones excelentes. Es ahí, donde gracias a una comunicación astuta, los dirigentes tuvieron eco de esta pequeña astucia que ellos supieron apreciar.

Volvamos a su inventario de los problemas. Piense en ello bien y jerarquícelos en función:

- De la cantidad en juego (estimación)
- Del número de personas impactadas por este problema
- De la importancia de este problema para la jerarquía (si nadie no está al tanto de este problema, habrá que arre-

glárselas para que esto cambie con un buen plan de comunicación)
- De la complejidad / facilidad de poner en ejecución las soluciones (número de personas a las que hay que implicar, dificultades técnicas, obstáculos ... internos)

Usted comenzará a ver más claro y naturalmente ciertos puntos retendrán su atención. Poco a poco, el tiempo y la reflexión le ayudarán a dilucidar luego a bosquejar planes de acción.

Cuanto más el entorno de la empresa se endurece, más la gente alrededor de usted es fatalista o perezosa (incluso las dos cosas). Menos la organización funciona y más las oportunidades se multiplican. Así como las setas, usted tendrá que sólo que recoger su cosecha.

Usted debe ser oportunista. Es imperativo. Me gusta esta palabra y sin embargo mucha gente le da una connotación injustamente negativa. Sin embargo, es su mentalidad que le dará un carácter noble.

El oportunismo, en el sentido negativo de la palabra, es el que saca provecho de otro, a su detrimento. Es un oportunismo de rapiña, malsano y lastimoso.

El oportunismo, al sentido positivo de la palabra, como lo oigo al diario es explotar fallas, soluciones a problemas que pueden beneficiar a un gran número de personas, sin perjudicar a nadie. En mis dos ejemplos precedentes, todos los integrantes de los equipos que trabajaron en estos proyectos obtuvieron beneficio de la situación, incluso hasta las personas poco visibles en la organización. Los equipos de producción aumentaron sus resultados más allá de lo previsto y de paso redujeron un cierto número de preocupaciones. Los dirigentes pudieron mostrar orgullosamente un volumen de negocios en crecimiento e inversiones rentables. En cuanto a mí, al principio de la iniciativa, pude apreciar el reconocimiento de los dirigentes del grupo, pero también el de personas que, en el momento de mi reclutamiento, me veían solamente como un pequeño empleado adicional.

Este oportunismo no perjudica a nadie, al contrario. Es bueno para la mayoría y es de interés general. Anima a la iniciativa, aporta resultados tangibles a la empresa y también reconocimiento para algunos que no lo han recibido desde hace mucho tiempo. Los escépticos y los críticos de sus ideas se hacen aliados y seguidores. En todos los casos, estos últimos vacilarán a la hora de atacarle y buscarán otros blancos más fáciles.

Este oportunismo positivo devuelve también el sentido y el gusto al trabajo.

Sea pues sistemáticamente oportunista, siempre en el buen sentido de la palabra. Busque en permanencia oportunidades para concretizar. Dos o tres buenas oportunidades al año, bien llevadas, le conducirán al éxito y su buena reputación estará hecha.

1.10.
No pain, no gain

Esta frase, a nadie le gusta. Ganar dinero, ser independiente, cuando usted quiera, como usted quiera, sin hacer nada, hace soñar. Por cierto, personalmente formo parte de los cándidos alegres que compran billetes de lotería esperando ganar un día el premio gordo, a la gran felicidad de los accionistas de la lotería y del Estado.

La vida no es simple, todos lo sabemos. Las pruebas son más numerosas que los momentos de felicidad pura. Y desear, confiar, soñar son cosas normales presentes en cada uno de nosotros. Necesitamos esperanza, sueños.

Pero esperar que los sueños se materialicen sin hacer nada, es como esperar ganar cincuenta millones en la lotería estando acostado sobre el sofá. Esto puede funcionar, tal vez, pero ustedes admitirán fácilmente que la probabilidad es más que ínfima.

Sobrevivir en una empresa implica esfuerzos. Progresar, todavía más. Usted debe estar dispuesto a aprender, desaprender, volver a poner en causa ciertas convicciones, afrontar su miedo y sus dudas, afrontar las palabras desalentadoras de su entorno. Tendrá períodos de euforia, momentos de duda, momentos de desaliento. Es normal. Es el lote común de todos los que quieren tener éxito y de todos los que tuvieron éxito.

Usted cometerá errores. Esto también, es normal. El error no es sinónimo de fracaso. Se hará bueno aprendiendo de sus errores y también de los errores de otros. Los errores son oportunidades para mejorar. Ya no está más en el colegio donde el error es sancionado sistemáticamente. Sólo los que no hacen nada no cometen errores y éstos constituyen al final un error doble para la empresa: el error de haberlos reclutado y el error de guardarlos.

Personalmente, con frecuencia cometo errores, la mayoría de las veces sin consecuencias. Gracias a estos errores, me hago mejor cada día, porque no me gusta repetirlos. Finalmente, cuando los relativizo comparándolos con el éxito, es sin apelación: la ganancia está ahí. Es indiscutible. Y si esto tuviese que repetirse, lo haría dos veces en vez de una.

Esta ganancia le hará olvidar sus penas. No olvido mis años difíciles, mis años de calamidad ni de dónde vengo. Pero todo esto ahora me parece ahora un malo y lejano recuerdo. La existencia me parece mucho más serena. Este dolor fue un buen dolor: me aportó la felicidad.

2.
Tener

En el capítulo precedente, hicimos algunos recordatorios sobre la realidad de una empresa. Hasta si se trata de un entorno difícil donde el egoísmo es el rey supremo. Pero también es un entorno que le ofrece numerosas oportunidades para sobresalir, asegurar sus ingresos, favorecer su ascensión y ser útil para la comunidad.

Una vez hecho este recordatorio y la escena establecida, es esencial estar bien preparado en su cabeza. Estos pocos principios y reglas de los que voy a hablar siempre me han ayudado. Sin ellos, nunca lo hubiera logrado y nunca me defraudaron.

2.1.
Tener sueños, un fin

Trabajar está bien. Ganar un salario está bien. Saber por qué es mejor.

¿Trabaja para pagar su coche o su casa? ¿Trabaja para reembolsar un crédito? ¿Usted trabaja para darles mejores posibilidades a sus hijos esperando que tendrán una vida mejor que la suya? ¿Trabaja para aquellos a quienes usted ama y para poder hacerles felices? ¿Trabaja para su jubilación?

¿Si es el caso, por qué continuar trabajando en cuanto haya pagado su coche, su casa, cuando sus hijos sean adultos y hagan su propia vida? ¿Qué le hará usted durante su jubilación?

Es importante clarificar estas preguntas si ya no lo ha hecho antes.

Es peligroso por otra parte tener un fin intermedio como solo fin, como comprar su

casa, porque su vida continuará después de que usted haya pagado su casa. Y cuál era su fin comprando su casa: ¿Constituir un patrimonio y transmitírselo a sus hijos? ¿Asegurarse de tener un techo donde vivir? ¿Darle felicidad a su familia? ¿Impresionar a sus amigos y a sus familiares? ¿Todo esto al mismo tiempo?

Como todo elemento de patrimonio, el precio de su casa puede fluctuar a la subida como a la bajada por razones múltiples. Si pierde su trabajo, estaría usted en posición de hacer frente a los gastos de la casa (¿crédito, cargas, mantenimiento, impuestos de renta...) y así continuar en toda seguridad bajo ese techo? ¿Pensó en que los derechos de sucesión de sus bienes pueden, en ciertos casos, fácilmente costar a sus hijos la mitad del valor del inmueble? Si no es el caso, tal vez que su meta no fue alcanzada totalmente y que quedaba una parte del camino por recorrer, porque su objetivo no era probablemente legar solamente el 50 % del valor de sus bienes a sus hijos, ni haber trabajado tanto para pagar al final el 50 % restante al Estado y al notario.

Estos fines intermedios son importantes, pero muy frecuentemente son confundidos con una finalidad de vida. Son sin embargo sólo etapas de la vida. Y estas etapas deben ser bien estudiadas. ¿Trabajar treinta años para pagar una casa a crédito y legarla a sus hijos esperando darles una seguridad es un plan tan inteligente? ¿El precio total de la casa, una vez pagados los intereses en al banco, los gastos de sucesión sin contar el riesgo de depreciación del bien, va a poner a sus hijos al amparo de la necesidad como usted lo esperaba? ¿Tal vez invertir de otro modo el precio total de la casa le permitiría legar más y más seguramente?

El ejemplo de la casa que se desea legar a los hijos es sólo un ejemplo entre muchos otros. Cada uno tiene sus razones, sus motivaciones, sus creencias.

Muy a menudo, pensamos en nuestra familia, cónyuge, hijos, padres, amigos. Está bien. ¿Pero usted? ¿Piensa en usted? ¿Sinceramente, cuál sería la vida que le haría plenamente feliz? ¿Y qué no le gustaría en su vida? No creo que sea una pérdida de tiempo tomar solamente el tiempo, en un lugar tranquilo, eventualmente con una botella de buen vino o un té muy caliente, para llevar a cabo este tipo de reflexión. Vimos sólo una vez y, en lugar de llevarse felicidad a su tumba, corre el peligro de llevarse sólo pesares y tristeza.

Si usted piensa en los otros en primero y después en usted, nunca habrá un lugar para ocuparse si mismo. Piense en usted primero, en otros posteriormente, en orden de importancia en su corazón. Tanto peor para los últimos si no hay más sitio.

El trabajo no debe ser una fatalidad, sino un medio de alcanzar su objetivo. Si usted tiene un objetivo claro y que además le gusta su trabajo, tiene el motor más poderoso de motivación posible. Nada le parará.

Pensando en usted, ayudando a quienes usted quiere, teniendo integridad, será un modelo para muchas personas alrededor suyo. Sus hijos son los primeros: ellos verán a su padre (o su madre) feliz, bueno en su trabajo, honesto, que vela sobre ellos y les quiere. Esto les dejará un mejor recuerdo que «Mi padre se esforzó toda su vida para nada». Al contrario, su recuerdo será «mi padre era honesto, sabía lo que quería, no soltaba la presa y alcanzaba siempre sus objetivos. Se sentía satisfecho y pasaba tiempo realizando sus pasiones. Él nos quería, nuestra madre lo quería, lo admirábamos y si somos felices hoy es gracias a él». ¿Personalmente, prefiero la segunda opción y usted?

Muchas personas alrededor de mí bajaron los brazos, viven en sueños, viven una vida indirecta interesándose por la vida de las otros, siendo la suya completamente vacía. Otros aspiran sacrificarse por sus hijos para que tengan una mejor vida.

Algunas personas en cambio son, todo lo contrario. Tienen las mangas remangadas, buscan por todos los medios realizar sus sueños. Su vida está llena de proyectos, es apasionante. Procuran comprender, aprender y no tienen tiempo de ocuparse de la vida de los otros (excepto si es interesante y que puedan aprender algo de esto). Ellos no se sacrifican por nadie, ni siquiera por sus hijos. Ellos no son blandos. Ellos no dan lástima. Ellos tienen éxito. Los que los siguen tienen éxito. Sus hijos tienen éxito y los admiran.

En lo que me concierne, mi fin es de adquirir mi libertad a la vez intelectual y financiera. Intelectual, porque quiero comprender los temas que me importan y ser capaz de hacerme una opinión por mí mismo, sin repetir estúpidamente un argumento de marketing, un discurso de un político o un rumor. Financiera, porque quiero poder escoger trabajar o no, y para quién.

Así no tener más que sufrir este estrés destructor que conocí por el pasado. Financiera, porque quiero igualmente que mi esposa y mis hijos puedan beneficiarse de esa libertad.

Esta libertad financiera permite comprar tiempo libre. Tantas jornadas haciendo las tareas de la casa y planchando durante años. Desde ahora en adelante ocupo ese tiempo en mis verdaderos centros de interés: la historia, el cine, la filosofía, proyectos de empresa, escribir libros. No podía tampoco ayudar en causas que tienen un gran interés para mí. Hoy, puedo sostener varias asociaciones de protección de animales. Y cuando mi familia necesita a ayuda, ya no tengo que responder «no puedo».

Cada uno de nosotros es diferente y cada uno de nosotros aspira a cosas diferentes. Pasar tiempo clarificando su o sus objetivos finales hace ciertamente parte de mejores inversiones de tiempo que usted podrá hacer. Sobrevivir o progresar en una empresa no puede ser el objetivo final, es justo una etapa, un estribo, le hace falta un objetivo de vida, su sueño.

En cuanto usted lo haya cumplido, sabrá hacia donde zarpar y nada lo detendrá.

2. 2.
Tener valores humanos

Me siento consternado cada día al ver el número de personas que no dicen ni buenos días, ni por favor, ni gracias. Sin contar a todos los que tratan de pasar delante, los que cortan la palabra, los que empujan, procuran apropiarse su trabajo, mienten, discriminan, humillan...

Pero la experiencia me mostró que el respeto, por regla general, atrae el respeto y que la benevolencia atrae la benevolencia. Para recibir, hay que saber dar.

No se trata evidentemente de dejarse abusar o maltratar a otro. El respeto no es la sumisión. Los sometidos no son respetados por definición. Le respetaremos si es un buen profesional, con valores humanos fuertes como la justicia, la empatía, y dotado de un temperamento sólido. Si usted es un profesional mediocre, nadie le respetará y si piensa ser respetado a pesar de ser mediocre, es probablemente sólo en apariencia. Si usted es injusto, es detestado. Si no tiene empatía, percibiremos de usted ser una máquina fría, sin alma. Si no tiene un temperamento sólido, será percibido como una persona débil y por lo tanto una presa, una víctima potencial y fácil.

La benevolencia es justo la ausencia de voluntad de perjudicar a otro por solo el placer de perjudicarle. En cada empresa, u organización humana, existen personas que utilizan su tiempo, y el de otros, para criticar sistemáticamente, denigrar, burlarse, excluir. Estas personas son habitualmente unos fallos tanto en el plan profesional como personal. Evite a estas personas en lo posible, pero tenga siempre un ojo sobre ellos para evitar malas pasadas...

Usted, al contrario, debe estar en una lógica de mejoramiento, de construcción y de bienestar colectivo. No criticamos, sino mejoramos (hasta si esto toma tiempo, mucho tiempo y si parece una misión interminable). No denigramos, no nos burlamos, sino ayudamos, animamos, formamos. No excluimos, sino federamos.

Recuerdo a un empleado que se había convertido en el sufrido de su departamento. Era tímido y reservado. No compartía sus centros de intereses con sus compañeros y carecía de chispa en sus bromas, no siempre de buen gusto por cierto... La calidad de su trabajo era criticada, pero siempre que traté con él, me pareció un buen profesional, reactivo y competente. Un día, llegando a su departamento, oía otros burlarse de él. Fui a verle con el pretexto de hablarle sobre un expediente en curso y, con una voz audible para todos aquellos que estaban burlándose de él, le agradecí por su trabajo y sus esfuerzos. Él me dijo que lo apreciaba, porque pocas personas pensaban como yo. No estaba pensando en esto, sólo comprobaba los hechos: él trabajaba bien y concienzudamente. Le respondí entonces, siempre de manera audible para otros, que haría un mail personal a su manager para restablecer los hechos. Un silencio largo reinaba sobre lugar cuando me fui.

Le hice mi mail a su jefe directo, que era también duro con él, y también a su N+2 y N+3. Subrayaba que apreciaba el trabajo de este colaborador, su implicación, que la empresa necesitaba a más personas como él, y que esperaba que este trabajo y esta implicación fueran recompensados justamente en el momento del próximo balance. Nunca nadie volvió a burlarse de él.

La benevolencia en la empresa impone la neutralidad de sus convicciones cuando usted está en la empresa. Poco importan sus creencias, sus convicciones, debe prohibirse las discriminaciones de toda clase. No tiene en frente suyo alguien de otro sexo, creyente o no creyente, de otro color o de otro país, tienen un colaborador de la empresa, un profesional. Discrimine sólo la competencia.

También evite la discriminación que llaman positiva, porque es una discriminación. Y como toda discriminación, se hará en detrimento de alguien. ¿Por qué poner al 50 % de mujeres en un consejo constituido de hombres y quién funciona bien? Esto puede crear el riesgo que lo que funciona bien acabe por funcionar menos bien. ¿A la inversa, por qué poner el 50 % de hombres en un consejo constituido de mujeres y que funciona bien? ¿Por qué privilegiar a los jóvenes en detrimento de los mayores? Manténgase profesional y resista a las tendencias demagógicas del momento.

Para recibir, hay que dar. Es un principio esencial en los negocios. Si usted quiere los consejos de un buen profesional le costará dinero, pero rápido comprenderá que no es un coste, sino una inversión. Comprendí esto hace mucho tiempo cuando consulté a un experto-contable para ver de nuevo mi declaración fiscal. A la época, mi salario era modesto y varias centenas de dólares representaban para mí una suma importante. Pero gracias a los servicios de este contable me ahorré unos miles de euros en mi declaración de la renta. Esto parece evidente para muchos, pero para mí esto fue un detonante. Comprendí que pagar buenas competencias no era un gasto, sino una inversión provechosa.

Dar, es también dar reconocimiento. Nosotros necesitamos sentir que existimos, sentirnos valorizados. Veo cada día de las personas que parecen fantasmas. Ellas están ahí, trabajan con nosotros, pero casi nadie se da cuenta de su presencia. Si nuestra oficina es limpia, es gracias a ellas. Si nuestra oficina está protegida, es gracias a ellas. Si la electricidad o la red informática funcionan, es gracias a ellas. ¿Sin embargo, cuántas personas no les dicen ni buenos días, ni hasta luego, ni gracias? Usted lo habrá comprendido, hablo de los empleados de la limpieza, de los recepcionistas, de los agentes de seguridad y de todos los que facilitan nuestro trabajo al diario y que trabajan por míseros salarios y un tienen un reconocimiento todavía más débil. Nunca dejo de saludar al agente de seguridad cada mañana, recepcionista o el equipo de limpieza al final de día. Me di cuenta que algunos colegas que antes los ignoraban, a partir de ahora los saludan. El reconocimiento es fundamental. Alguna vez, es posible que usted necesite a ese tipo modesto al que usted que desprecia porque no ocupa un puesto como el suyo o no tiene la capacidad de ascenderle o despedirle. Lo más sorprendente es que este tipo modesto, a quien probablemente usted no ayudaría, sin duda le ayudará cuando llegue el día.

Vele permanentemente por su integridad, por su ética: es su reputación que está en juego. Debemos poder confiar en usted. Sin contar que es agradable poder mirarse con orgullo cada mañana en el espejo. Prometa pues sólo lo que puede realizar. Prometa sólo esfuerzos si usted no es capaz de garantizar resultados y haga luego lo mejor posible.

No mienta hasta si es tentador, por oportunismo o por miedo de tener problemas. Su reputación será verá rápidamente afectada y usted será percibido como una persona poco fiable incluso un peligro. Si trata de esconder un problema, gana probablemente a corto plazo un poco de serenidad, pero el problema corre peligro de resurgir un día y con intereses. Más vale pues poner rápido el problema sobre la mesa, de manera clara y factual proponiendo soluciones concretas las cuales usted está dispuesto a poner en ejecución. Evitará probablemente una reprimenda, demostrará su profesionalismo, su capacidad a administrar las dificultades y marcará así puntos en lugar de perderlos. Una vez más, sea oportunista y no olvide que los problemas son muy frecuentemente oportunidades.

Pero no trataremos de hacer aquí un manual de moral. Haga justo lo mejor posible tratando a los otros de la misma manera en la que usted le gustaría ser tratado. Sin olvidarse de ser prudente: si tiene valores humanos fuertes, esto no garantiza en efecto en nada que alrededor de usted estos valores sean compartidos. Algunos hasta tratarán de aprovecharse de esto, pero veremos cómo deshacerse de estas trampas frecuentes.

2.3.
Tener una mentalidad sólida

Para sobrevivir, y todavía más para progresar, usted va a deber sufrir golpes y cobrarlos. Es inevitable. Pero con un buen estado mental, principios y objetivos claros, habilidades perfeccionadas, logrará esquivar muchos de ellos y los que tome serán menos dolorosos.

La mentalidad es acondicionada en gran parte por sus objetivos personales y sus valores humanos. Tener un objetivo y valores fuertes le harán fuerte. Trabajar por una causa que usted considera superior a si mismo multiplica por diez su fuerza interior, esta causa puede ser un ideal, su familia...

Tener una buena mentalidad va todavía más a aumentar esta fuerza interior y su resultado en la empresa. Yo traté de identificar unos elementos clave de la mentalidad que me animaron y me permitieron tener éxito. Yo no jerarquicé estos elementos, porque, aún si algunos parecen más importantes que otros, nunca habría tenido éxito si alguno de estos hubiese faltado.

El primer elemento es el de saber guardar la cabeza fría y de utilizar más su cerebro que sus emociones. Es mucho más fácil decirlo que hacerlo, estoy de acuerdo. He perdido la cuenta de las veces que respondí demasiado rápido o emocionalmente a un correo electrónico solo para arrepentirme después, a veces amargamente. Ya no cuento las respuestas estúpidas que daba a preguntas inteligentes pensando que lo hacía rápido y bien, cuando lo hacía rápido y mal.

Cualquier biólogo lo confirmará: Aunque somos mamíferos y nuestro cerebro está desarrollado, seguimos conservando nuestro cerebro reptiliano. Él está ahí, presente en cada uno de nosotros. Y cada uno de nosotros tiene instintos naturales que, hasta en un medio ambiente moderno, se manifiestan a diario por el miedo, el deseo o la alegría. El único medio que encontré de dominar, por lo menos parcialmente mis emociones en la oficina, es objetivar mi trabajo tanto como sea posible.

Esto quiere decir, ser capaz de demostrar por qué digo esto, por qué preconizo esto o por qué rechazo esta opción. Para llegar allá, hace falta primero un raciocinio lógico con hipótesis realistas y prudentes, las diferentes opciones disponibles e identificar los puntos débiles susceptibles de ser objeto de críticas. Entonces, las fuentes de información deben ser documentadas cuidadosamente. A partir de esto, usted puede explicar cómo, a partir de un raciocinio claro y de datos documentados se obtiene el resultado dado. Como último solamente, dejo mis emociones confirmar o poner en tela de juicio este resultado. Si mis emociones están a gusto con este resultado objetivo tanto mejor. Si no es el caso, lo recupero, verifico mi raciocinio, con riesgo de pedir una o varias opiniones complementarias.

Es sobre esta base que aprendí a tomar riesgos calculados. ¿Cuántos creen tomar una buena decisión simplemente siguiendo el rebaño de corderos? Basta con mirar alrededor de sí. ¿Cuántas personas aprueban una decisión sin haber estudiado previamente la pregunta? ¿Cuántos dan opiniones sobre estudios, libros o hasta de las películas que nunca miraron? ¿Cuánto se arrojan sobre la Bolsa cuando es demasiado tarde en realidad y que la quiebra es inminente? Las emociones son poderosas y la tentación de seguir el rebaño, ciegamente o no, hacia el matadero es fuerte. Algunos le dirán que es mejor equivocarse con los otros que tener razón usted solo (a). Es verdad en ciertos casos, totalmente falso en otros.

Tomar riesgos es esencial. Los que no toman ninguno no llegan en general a nada, sino a poca cosa. Mire a los que colocan todo en su libreta de ahorros y los que hacer inversiones inteligentes y bien administradas: los primeros ganan unos cacahuetes de intereses y sus ahorros son mordisqueados por la inflación. Los últimos ganan fácilmente un 10% anual y aseguran su ganancia antes de las caídas. Pero para muchos, tomar un riesgo significa ser inconsciente, ser una cabeza loca. ¿Por otra parte, acaso no decimos «tomas un riesgo» para desanimar a alguien?

Pero cuando surge una oportunidad de ganancia, cuando miramos objetivamente qué nos puede impedir aprovecharla y qué nos arriesgamos a perder, hacemos un análisis de riesgo inicial. ¿Qué se puede hacer a continuación para evitar estos riesgos? Y ahí, indagando un poco, leyendo, obteniendo información de reconocidos profesionales, aprendemos y nos damos cuenta de que muchos riesgos se pueden reducir o incluso evitar.

En 2013 me ofrecieron un gran trabajo, pagado al triple de mi salario en ese momento. Realmente no conocía el sector de actividad y me faltaban algunas competencias. Pero pude hacer el 80% del trabajo sin ningún problema.

Mis opciones eran simples: Una opción era quedarme en mi empleo de la época, luchando para financiar a duras penas una vivienda, un ahorro de jubilación... quedarse en una cierta comodidad. La otra opción, renunciar corriendo el riesgo de ser despedido durante mi período de prueba o de no estar en la altura, pero con una ganancia potencial triple. Mi vivienda sería pagada en diez años en lugar de treinta, con un aporte importante. Podría darme mucho más mucho gusto cada mes y ahorrar sumas más importantes. Compré entonces libros para comprender las bases del sector de actividad, reforcé mis competencias técnicas en ciertos dominios y pasé tiempo con los gerentes de mi nueva empresa para comprender su oficio. En seis meses, había completado el 20% de las habilidades faltantes que me estaban causando problemas, ciertamente a costa de días a veces largos, muy largos. Pero nunca me arrepentí de mi decisión y esto me confirmó una cosa: quedarse en la zona de comodidad no es rentable y aprender es un medio excelente de superar los miedos, particularmente el miedo del riesgo.

Este miedo del riesgo, este miedo del fracaso, este miedo de hacer mal el trabajo nos inhibe a todos. El miedo al error y de la sanción que sigue. El que se equivoca en los estudios es sancionado. ¿Y cuántos años pasamos, desde nuestra niñez a soportar la sanción de nuestros errores? Error = sanción. A veces, la sanción es injustificada. Recuerdo un ejercicio de matemáticas que había resuelto en la escuela con otro método. Mi método y el resultado eran buenos, pero el profesor me había puesto cero. En lenguas, viví muchas veces situaciones donde una palabra que había utilizado en inglés había sido considerada incorrecta por el profesor. A pesar de la prueba del diccionario de apoyo, la situación no cambió bajo el pretexto que era una palabra de inglés de los Estados Unidos y no de inglés británico... la misma cosa ocurre con el francés de Bélgica o el de Canadá es sancionado porque no es el francés de París. Usted pide ayuda a su vecino o hasta una hoja de papel porque le falta una para acabar su examen, es sancionado por hacer trampa.

En los negocios, y por consiguiente en la empresa, las cosas son diferentes. Hay que saber tomar riesgos (calculados), adaptarse y trabajar en equipo. ¡Si el método es bueno, hay grandes posibilidades que el resultado lo sea también y es bingo para todos! Todo lo contrario que en los estudios.

Superar el miedo es difícil con tal condicionamiento. Sobre todo, porque en ocasiones el error o la diferencia también son sancionados por la familia. Aprender a ensayar, intentar, atreverse, a asumir un riesgo calculado, es un verdadero trabajo sobre uno mismo, largo y doloroso. Muchas veces hay que esperar varios aciertos para tener el clic y mucho más para que se convierta en un reflejo natural.

Superar su miedo, tomar riesgos calculados implica de desaprender al mismo tiempo que aprender. Tenemos miedo porque ignoramos lo que puede pasar. ¿La sola solución dobla la ignorancia? El aprendizaje para comprender lo mejor posible lo que ignoramos. Los libros, internet, los expertos, las formaciones... Hay una plétora de formas de aprender disponibles. Multiplique las fuentes de conocimiento y puntos de vista sobre un tema, sus puntos fuertes y débiles, los riesgos y oportunidades asociados, el feedback... Y tome sus propias decisiones.

En paralelo, desaprenda lo que usted aprendió y lo que mantiene su miedo de actuar. En lugar de escuchar a los que procuran desanimarle, aprenda para comprender el tema por usted mismo. Distánciese de los amigos que procuran desanimarle. No son amigos. Un amigo, él, le animará incluso le ayudará a aprender. Distánciese de todos los supuestos expertos que dan consejos, pero nunca realizaron nada. Treinta años sentado en una tranquila oficina en los archivos de un banco leyendo el periódico es suficiente para decir, sin mentir, que uno tiene treinta años de experiencia en banca o finanzas.

Desaprender también verdades o expresiones totalmente hechas que, si se aplican en buen número de los casos, no son siempre exactas. Y para llegar ahí, solo hay que observar y usar el sentido común. "Siempre ve hasta el final" es un buen consejo en algunos casos, pero en otros puede ser catastrófico. Por ejemplo, generalmente es prudente continuar hasta el final de sus estudios sus estudios académicos (excepto en casos especiales como Bill Gates o Mark Zuckerberg), pero no invertir cada vez más en un negocio que pierde dinero y no ofrece perspectivas reales o sólidas. Mejor perder 10 que 1000... Generalmente cuando me dicen «¿Por qué le gusta correr riesgos?», en general respondo «Para ganar más», o por «Para no terminar como tú».

«Cree en mi experiencia, esto no va a funcionar»: pídales a quiénes le sacan esta frase de explicar su experiencia. ¿Intentaron? ¿Cómo? ¿Tuvieron éxito o fracasaron? ¿Por qué? Usted se dará cuenta de que ellos nunca intentaron lo que usted quiere ensayar de hacer. De hecho, ellos nunca intentaron realmente nada.

«Es demasiado complicado»: justamente, tratamos de simplificar el problema para comprenderlo mejor. Yo era un zoquete en física y en química, pero retuve dos cosas en estas disciplinas. Uno, que el ácido clorhídrico hacía diluir la caliza. Dos, que, para resolver un problema complejo, hay que dividirlo en problemas simples y acto seguido resolver éstos uno por uno. Nunca conseguí aplicar este principio en física, pero cada vez que lo apliqué en mi vida cotidiana o en mi vida profesional, funcionó. Ahora imagine un problema complicado en la empresa, cuya resolución haría realizar economías importantes o ganar dinero. Imagine un instante que usted es aquello que puede resolver este problema. Imagine lo que podría obtener en términos de reconocimiento, de credibilidad, de resultado anual, de bonos, de promoción. Ahora imagine no hacer nada: ¿qué sucedería? ¿Imagine finalmente que trata de resolver este problema? ¿Qué haría usted?

Frente a mis sueños, mis deseos, me di cuenta que nunca obtenía nada mientras me decía «es demasiado complicado» o «no puedo hacerlo». De hecho, era tan malo que me decía dos a la vez. ¿Pero todo cambió cuándo, frente a mis sueños, frente a mis deseos, reflexionaba «Cómo lograrlo?». Este pequeño y simple cambio me permitió realizar repentinamente muchas cosas, alcanzar casi todos mis objetivos, uno por uno, algunos rápidamente, otros lentamente, incluso muy lentamente. Pero una cosa está segura: la mayoría de mis sueños y mis deseos los realicé o estoy realizándolos. Esto porque desde ahora en adelante me hago la buena pregunta, transformo los objetivos y los problemas complejos en una sucesión de objetivos intermedios y de problemas simples que puedo resolver finalmente uno por uno. Aplico esta aproximación tanto en mi vida personal como profesional.

¿Me gustaba decir también «No es para mí» que reemplacé por «Acaso esto me gustaría?» o bien «Qué puedo ganar con esto?». Si me gusta o si vale la pena el esfuerzo, el «No es para mí» se convierte en «¡Es para mí!».

«No tengo tiempo», «tengo otras cosas que hay que hacer»: adoro estas excusas. Son sinceras en el 1 % de los casos, pero sirven sólo para justificar un poco más la inacción. No tengo tiempo para hacer algo que pudiera hacerme ganar más, sino tengo tiempo para vagabundear en la cama y mirar series de TV. Tengo tiempo de aburrirme y de procurar matar el tiempo mientras que podría procurar aprender a hacer algo que me haría ganar más. Era un adepto a estas excusas y a la ganancia asociada, es decir nada. ¿Si algo vale la pena y que realmente no tengo el tiempo, entonces intento reflexionar cómo poder ganar tiempo cómo, haciendo que, dejando de hacer que, dejando de ver qué? Si tengo otras cosas que hay que hacer, priorizo en función a la ganancia.

También supe que trabajar duramente no servía para nada o por lo menos no para gran cosa. Durante años, trabajaba como una mula, casi cada día, sin contar mis horas. Durante años, creía que mis patrones estarían agradecidos por esto. En efecto ellos lo estaban y me agradecieron por mi tiempo y mi inversión personal. Pero ninguno me aumentaba el salario, ninguno me concedió una promoción. Al cabo de un cierto número de años (sí, hace falta a veces tiempo para comprender...), abrí los ojos. Personas que hacían mucho menos que yo eran promovidas, ganaban bonos y aumentos. ¿Cómo es posible? Todo el mundo siempre me dijo: trabaja duro y lo lograrás. Y descubro que esta verdad universal no se aplica para mí.

Era como una ducha de agua fría, pero según esta verdad universal de trabajar «duramente para poder lograrlo», acabé por estar completamente equivocado. Trabajaba duro, pero no de una manera suficientemente inteligente, y todavía no había aprendido ni el 10 % de las lecciones que estoy compartiendo con usted en este libro. Hoy, hago el trabajo que está previsto en mi contrato, pero no trabajo casi nunca el fin de semana, acabo mi jornada generalmente hacia las seis de la tarde en la oficina y a veces hago días de doce o catorce horas, en promedio dos veces al mes más o menos. Y gano más de diecisiete veces de lo que ganaba con mi primer salario, el salario de la época cuando trabajaba como una mula.

También descubrí que trabajar por una causa mayor que uno mismo aumenta la motivación. Quien defiende un ideal, un profundo proyecto personal, trabaja en nombre de Dios o de la patria... encuentra en sí mismo una energía impresionante: la fe. Esta empuja al individuo a actuar más allá de sí mismo dándole una motivación de acero que aumenta el alcance de sus acciones y por lo tanto su capacidad de generar resultados. La fe da sentido a nuestras acciones, a nuestra vida. Nos permite ser, o al menos, sentirnos útiles.

Observé que frecuentemente los que tienen la fe buscan un interés colectivo y a veces «el» interés colectivo. Este interés puede ser muy amplio cuando la fe es llevada por la religión, un ideal político, patriótico o social, pero puede ser más restringido cuando la fe es llevada por la familia, un proyecto (científico, artístico, humanista, cultural...), una sociedad.

Ser bueno en su trabajo, producir valor para la empresa es desde luego contribuir a su propia supervivencia y a su progresión. Pero usted contribuirá también a todas las personas que están a su alrededor. Tal como usted, ellos viven probablemente de una empresa y su buena salud financiera les es esencial. Esencial para financiar su vivienda, la salud y la educación de sus hijos, incluso para darse gusto y darles placer a aquellos a quienes quieren.

También, hasta si usted no tiene fe en nada, sus esfuerzos de supervivencia y de progresión van poco a poco a hacerle a contribuir no solamente a la salud de la empresa, esta persona moral al sentido jurídico del término, sino también a todas las personas alrededor de usted. Trabajará para usted mismo, pero también para el grupo de personas que le rodean. Sus acciones tendrán un alcance que le sobrepasa como individuo. Sus acciones contribuirán a su familia y a los allegados a quienes usted quiere, pero también contribuirán a los que trabajan con usted, así como en sus familias por extensión. Va a hacerse cada vez más útil para el interés colectivo y, será cada vez más considerado, respetado, protegido, por todos para quienes usted es útil.

Este proceso toma tiempo. Si usted lo acumula a uno o varios otros elementos que estimulan su fe, va a desarrollar una mental de acero que se va a proyectar naturalmente más allá de lo que pueda imaginar.

La contribución en busca del interés colectivo le ayudará a federar alrededor de usted y poco a poco, estará menos sólo, acompañado por miembros de equipo que sólo aumentarán sus posibilidades de éxito. Estos compañeros de equipo, pero también los seguidores a los que usted consiga convencer, serán menos enemigos potenciales y por lo tanto menos dificultades. Los enemigos potenciales también tenderán a pensar dos o incluso tres veces antes de atacarle por miedo a tratar con un grupo de personas y no solo con un individuo aislado.

Otro elemento fundamental para una mentalidad ganadora es de no quedarse sobre la defensiva, sino actuar.

Disparar a una paloma de arcilla es mucho más fácil que disparar a una paloma volando en el aire. A menos que se enfrente a un mal tirador de carnaval, la primera paloma casi no tiene ninguna posibilidad de sobrevivir. La segunda tendrá muchas más posibilidades. Es lo mismo en los negocios.

La inacción presenta por otra parte un triple riesgo.

En primer lugar, esta es como la erosión y atacará sus conocimientos, su motivación, a su capacidad de progresión y por último usted corre el riesgo de transformarse en un lastre para la empresa, es decir en el blanco. Recuerdo siempre de una de mis primeras prácticas en empresa y de este contable que se negaba a utilizar un ordenador, prefiriendo su lápiz, el papel y su goma. Mientras la empresa se porte bien, haga provechos y sea tolerante, hay poco para inquietarse. Pero el día en que ésta empieza a tener pérdidas, que debe contemplar hacer cortes de costos y reestructuraciones, es prácticamente un billete asegurado para la próxima salida.

Las posibilidades de supervivencia se hacen más que pequeñas. En cuanto a las posibilidades de progresión, puede olvidarlas de verdad.

El segundo riesgo está ligado al hecho que usted no está sólo y existe la competencia. Me acuerdo de un inspector de gestión senior, competente, pero que descansaba en su gloria pasada. Él juzgaba que era muy competente (y lo era), que no necesitaba aprender o evolucionar y que, sin él, el control de los costos de la empresa no sería tan bueno. En respuesta a la pérdida de un segmento de mercado importante, la sociedad se reorganizó y ha sido reemplazado por un joven inspector de gestión, menos costoso y menos competente. Por cierto, tenía mucho menos experiencia, pero hacía el trabajo suficientemente bien para ser mantenido en este puesto. Y hay también este ingeniero experimentado a quien conocí y que había perdido su trabajo de un traslado de París a Túnez. El ingeniero tunecino hace el trabajo tan bien como él, pero a un costo mucho menor.

Ya sea el controlador de gestión o el ingeniero, ambos han sido superados por la competencia de los más jóvenes o la competencia internacional. Pero me di cuenta de una cosa: sus gerentes, los que iniciaron estas reorganizaciones, todavía están en su puesto y han recibido bonos por los ahorros realizados.

El tercer riesgo, finalmente, está ligado a la evolución, a veces rápida, modos, tecnologías y técnicas. En los años 1980 y 1990, grupos como Xerox, Atari, Amstrad, Compaq, Olivetti ... eran las estrellas de la informática. Hoy, los más jóvenes no conocen la mayoría de estas marcas, ya sea porque desaparecieron, o han sido resituadas completamente sobre segmentos a veces menos visibles del gran público. Hoy, las estrellas son Google, Facebook, Apple, Amazon. ¿Y dentro de veinte años, quiénes serán las estrellas?

¿En los años 90, quién habría imaginado que gigantes como Nokia, Alcatel o Motorola, que dominaban el mercado de los teléfonos transportables, le dejarían sus lugares a Samsung, Huawei, Apple o Xiaomi?

Las tecnologías y las técnicas evolucionan, los oficios también. Numerosos oficios actuales no existían hace cincuenta años. En 1990, no había ni web managers, managers de contenido o Youtubers... Dentro de veinte años, con el desarrollo de la inteligencia artificial, numerosos oficios repetitivos, hasta calificados, serán amenazados y nuevos oficios saldrán a la luz.

¿Cuántos países al boom económico fenomenal están hoy en apuros? ¿Quién todavía habla de los tigres asiáticos? ¿Del boom de Argentina o de México?

Hasta los modos cambian. Basta con mirar una película rodada en 1990, otra en 1980, otra en 1970 para darse cuenta de eso.

Ser inactivo en un mundo en movimiento continuo, es estar estático en un mundo que se mueve. En toda una vida, vivimos todos numerosos y radicales cambios.

No seguir su tiempo, la evolución de su profesión, de su sector de actividad es peligroso. Es como conducir únicamente en línea recta. Esto puede funcionar en pleno desierto, pero por otra parte usted acabará en un árbol a la primera curva. Hay también que aprender a anticipar los cambios para negociarlos bien, y para esto no hay nada mejor que de aprender a adaptarse. Avanzando constantemente, aprendiendo sin cesar.

La acción es un aliado poderoso que debe sumarse con el tiempo a su ADN.

La acción es el mejor medio de luchar contra el miedo. Usted tiene miedo porque usted

¿ignora? Entonces, aprenda. ¿Usted tiene miedo porque piensa demasiado? Entonces, deje de pensar demasiado y actúe. En el fuego de la acción, no tendrá tiempo para reflexiones metafísicas.

La acción le permite avanzar.

La acción reduce a sus enemigos. Si usted actúa, no podremos criticarle de no hacer nada. Si es un hombre (o una mujer) de acción, no está sobre la defensiva permanentemente. Quedarse sobre la defensiva debe ser excepcional si no atraerá los ataques y se hará en el curso del tiempo un blanco de elección. Alguien en la acción sabrá llevar ofensivas y en caso de ataque, el agresor arriesgará un contra-ataque. Él preferirá cambiar de blanco. Es más fácil provocar a un caniche amistoso acostumbrado al sofá que a un pastor alemán saludable.

La acción es su mejor aliada. Ella le hará progresar y aprender. Desplazará naturalmente sus límites. Dejará atrás la competencia, cualquiera que sea. Sus éxitos reforzarán su confianza en usted. Aprenderá de sus errores para hacer todavía mejor la vez siguiente.

La inacción, ella, le condena de manera casi cierta. No tiene nada para hacer, el tiempo se ocupará de usted.

Tener miedo de la acción, es como temer a su mejor aliada en provecho de una enemiga tan temible como eficaz: la inacción.

He aquí pues un resumen de las lecciones claves de las que yo pude aprender de mi éxito personal para desarrollar una mentalidad sólida y que he mencionado hasta aquí:

- Sea benévolo.
- Piense con su cerebro, no con sus emociones.
- Sepa tomar riesgos, es decir tome riesgos calculados.
- Supere su miedo analizando fríamente los hechos, aprendiendo y actuando
- Aprenda permanentemente. Nunca deje de aprender.
- Aprenda a desaprender, a volver a poner en causa sus convicciones, sus ideas preconcebidas. En resumen, aprenda a cuestionarse a sí mismo.
- Huya a los individuos negativos y tóxicos y otros lastres.
- Desconfíe de las apariencias, particularmente de los expertos y sobre todo de los falsos expertos.
- Deje de pensar «no puedo llegar allá». Prohíbase a pensar «no puedo llegar allá». ¿Piense desde ahora en adelante «Cómo hacer para llegar allá?».
- Deje de trabajar duramente y trabaje inteligentemente.
- Sea oportunista (en el buen sentido de la palabra).
- Tener proyectos de vida, sueños por alcanzar, fe y preocupación por el interés colectivo. ¡Ya no correrá con diésel, sino con una explosiva mezcla casera!
- Actúe y no se deje destruir a fuego lento por la inacción. No deje que la competencia, las modas, las técnicas, las tecnologías... le superen. ¡Adelántese a ellos!

Antes de pasar al subcapítulo siguiente, me queda un último punto que hay que añadir: nunca olvide de donde viene.

Si orígenes son obreros, aristócratas, burgueses u otros, nunca olvide sus orígenes: son no sólo sus raíces de identidad, sino su punto de partida, su punto de referencia.

A partir de este punto de partida, si usted se estanca y al final no consigue nada en concreto. O está retrocediendo y en este caso ha destruido parte de lo que construyeron sus antepasados. O está progresando y agregando a lo que ellos han construido. En este caso consolide, desarrolle, capitalice...

Aunque crecí en un ambiente familiar agradable y cálido, con padres que siempre me animaron y nunca me obligaron, en el acogedor confort de la clase media, mis orígenes no son menos modestos.

Sufrí mucho la pérdida de mi abuela fallecida de la enfermedad de Alzheimer. Ella era descendiente de una buena familia. Ella perdió a su padre, sola fuente de ingresos de la familia, durante un bombardeo aliado sobre la región de Paris en vísperas de Navidad. Teniendo que encontrar un trabajo rápidamente, ella tuvo así una larga y modesta carrera como empleada de seguros. Mi abuelo, con quien ella se casó mientras que volvía de cinco años de cautividad en la guerra contra Alemania, tenía un empleo similar al suyo. Ellos los dos trabajaron fuertemente con la preocupación de ahorrar cada mes. Siempre se aseguraron de que no me faltara nada, incluso me mimaron demasiado... Sus últimos momentos de lucidez, mi abuela los pasó ansiosa viéndome en el desempleo y en pleno divorcio. Cuando comencé a tener éxito, ella no comprendía más lo que le decía. Londres, Ginebra, Pekín todos esos nombres de ciudades y países, ella que nunca había salido de su país... Me hubiera gustado tanto que me hubiera visto triunfar, en gran parte gracias a su esfuerzo, estaría orgullosa de su nieto.

A su muerte, le quedaba un pequeño capital. Las economías de toda una vida. Menos de un mes de mi salario neto actual.

Esto me marcó y quedará grabado en el fondo de mí hasta mi último aliento. Sé de dónde vengo. Sé lo que es el valor del dinero. Sé que lo que conseguí construí, gané, puedo perderlo.

Saber de dónde se viene, mirar lo que se construyó con relación a nuestros padres, apreciar el valor de las cosas y transmitirles a las futuras generaciones, es fundamental. Vi a demasiadas personas embriagadas por el dinero, el poder, la gloria, que pierden de vista el valor de las cosas, olvidan lo que es el amor de los suyos, reniegan sus orígenes y se inventan un pasado glorioso. Todo esto para colapsar económicamente, socialmente o humanamente.

Así que no olvide de dónde viene. Hará que sus padres y abuelos se sientan orgullosos... Por no hablar de sus hijos que estarán orgullosos de sus padres y elogiarán sus méritos en el patio de recreo.

2.4. Tener competencias y no dejar de aprender

Para maximizar sus posibilidades de supervivencia y de evolución dentro de una empresa, usted debe ser competente en su dominio. Es decir, debe ser bueno. Y mucho más todavía.

Esto quiere decir en primer lugar que usted debe dominar, o por lo menos comprender, no sólo los diferentes aspectos de su oficio, sino los de sus colaboradores. Incluso si no es ni pastelero ni cocinero, un chef sabe en general hacer un pastel o una salsa.

Lo que usted no domine tendrá forzosamente más posibilidades de salir de su control. Usted corre el riesgo de que su jefe pueda hacerle preguntas sobre las cuales no sabrá ni responder ni tener la menor opinión, porque no domina suficientemente el tema. Un colaborador negligente, incompetente y perezoso puede hacer fracasar un proyecto que usted gestiona. Si usted no domina suficientemente el tema, no será capaz de revisar, interrogar y verificar la calidad del trabajo de sus colaboradores.

He sido testigo del despido de muchos gerentes al momento de la reestructuración de una empresa. Sus subordinados eran capaces de hacer tanto como ellos o más, mejor y menos caro. Por otra parte, vi a gerentes capaces de hacer el trabajo de varios subordinados: el gerente se quedó y varios subordinados se fueron.

No olvide a los jóvenes: si usted se estanca, las competencias de los jóvenes alcanzarán las suyas y su valor resultado/precio perderá en competitividad. No olvide que las modas pasan, las técnicas evolucionan, la competencia es internacional, a veces nacida de un país que usted no sabe localizar sobre un mapa.

Tenga cuidado con el ego y con las creencias colectivas. «Están retrasados», «Ellos nunca lo lograrán», «Nosotros somos los mejores» ...Todas estas frases que calman pero que disminuyen la vigilancia frente a la competencia. Los vendedores de Xerox eran clasificados entre la élite de las ventas. Sí, ¿Pero qué vender cuando el mercado de la impresión y la fotocopia ha desaparecido en favor de lo 100% digital? Sí, Nokia era el primer fabricante de teléfonos móviles, pero ¿Cuál es su clasificación hoy? Sí, los rusos estaban retrasados para producir la bomba atómica. Pero esto no impidió que su retraso haya sido atrapado en unos años. China hoy cuenta con numerosas empresas campeonas entre las más grandes del planeta, han enviado una misión a Luna y cuentan con competencias sólidas en inteligencia artificial, mientras que hace treinta años nadie o casi nadie lo habría imaginado ni un solo instante.

Nunca se duerma en los laureles. Si ya no tiene hambre, algunos tendrán un gran apetito y codiciarán su bistec. A veces a unos pocos metros de usted, a veces a miles de kilómetros, a veces a ambos.

Es imperativo consolidar sus competencias, pero también ampliarlas.

Si usted trabaja en una función de apoyo, debe conocer la realidad de la actividad de su empresa. ¿Cuántos especialistas en calidad, auditoría, control, compras, finanzas, Recursos Humanos, etc. trabajan en la sede de su empresa, sin vinculación con el trabajo de campo? ¿Cuántos saben realmente cómo se diseñan, producen y venden los productos o servicios de su empresa?

El resultado de esta desconexión es simple: el trabajo no sostiene la empresa, sino mantiene lechos de cargas administrativas que pesan sobre el resultado financiero. Pero incluso así, lo que es un problema o una fatalidad para la mayoría debe ser una oportunidad para usted.

Tomemos el ejemplo de los productos devueltos y de los no vendidos. Los dos son costosos, incluso bastante costosos para las empresas anualmente. Con frecuencia, estas empresas hacen estudios estadísticos, a veces hechos apresuradamente por operadores mal pagados, presionados por la cadencia y consolidando estos estudios en impresionantes gráficos 3D. Analistas, diplomados como es debido, analizan estos datos y los transforman en informes soberbios para su dirección. Pero frecuentemente, ninguno de ellos tiene una relación con el cliente: ¿Por qué no compra el producto? ¿Por qué, si lo compra, lo devuelve? Estos analistas deberían pasar más tiempo en los puntos de venta y almacenes manejando las devoluciones para comprender las causas reales y discutir soluciones prácticas con los vendedores, las personas de logística y, por qué no, con los clientes.

No conozco un dirigente que le diría no a alguien que le proponga: «Los invendidos aumentaron de x % en relación al último año y las devoluciones producidas subieron del y % sea un costo anual de z millones de dólares. Tenemos las cifras, pero debemos comprender el origen real para poner en ejecución las mejores acciones. Le propongo pasar tres meses en nuestros diferentes puntos de venta para observar, comprender el problema de los invendidos con nuestros equipos de venta, comprender el problema de las devoluciones producidas con nuestros equipos logísticos, y volver hacia usted con un informe completo, incluyendo un plan de acción cifrado, construido en colaboración con el departamento de finanzas, el departamento comercial y la logística. Para esto, necesito su luz verde...». Este género de acciones le transforma de un analista invisible a un aportador de soluciones, en unificador, en líder. Es una posibilidad única de hacerse ver a alto nivel y de progresar.

En cambio, usted debe comprender sus productos (idealmente probarlos a diario), aprenda el funcionamiento de la logística, aprenda de los comportamientos de los clientes, aprenda de su sector de actividad y qué es lo que influencia la alta o la baja demanda ... Total, va a hacerle falta aprender mucho. Sumérjase en los libros, Internet, en los informes disponibles, los sitios de los competidores, los blogs de probadores y de profesionales... Vaya al encuentro de profesionales de la venta y de la logística en su empresa, explíqueles que procura comprender la situación actual. Propóngales una invitación a almorzar si hace falta. La inversión vale la pena, aprenderá. Además, establecerá contactos útiles que a continuación podrán si es necesario, constituir un equipo para ayudarle.

Funcionando así, usted obtendrá un máximo de información, consolidará sus competencias y creará oportunidades de marcar puntos.

Debe aprender cómo funcionan las personas que están por encima y por debajo de usted.

Los gerentes dan cuentas a los dirigentes y estos mismos rinden cuentas a los accionistas. Los accionistas, por regla general, quieren sólo una cosa: la rentabilidad. Es decir, el valor añadido a un gerente o a un dirigente y usted le ayudará meterse en valor por su nivel superior. Ellos también quieren sobrevivir. Ellos también quieren progresar.

Si dos de sus grandes competidores se fusionan, existe el peligro de hacerse todavía más temibles. Para hacer frente a eso, su sociedad deberá ser todavía más competitiva. Los lucros cesantes en venta, los despilfarros ligados a la gestión de devoluciones tienen con más razón de ser rápidamente tratados. Es todavía mejor para usted.

Compare la rentabilidad de su empresa y la de sus competidores. Si su empresa es menos eficaz, los dirigentes están probablemente bajo la presión de los accionistas para mejorarla. Toda solución será desde entonces bienvenida. ¡A usted de jugar!

En términos de devoluciones, sin duda deberá tratar con los almacenistas. Comprender su rol y evolución. ¿Cómo era la situación cuando ellos llegaron a la empresa? Probablemente le explicarán que había diez personas más hace cinco años, que la carga de trabajo se ha disparado en los últimos tres años, que los consultores, jóvenes y elegantes, han creado una herramienta de reporting que les hace perder el tiempo ... Otro problema dentro del problema, otra oportunidad dentro de la oportunidad para usted.

Entonces comprenderá que los informes no son confiables, las casillas son a veces marcadas al azar y porque la administración desatiende una realidad que ignora.

Quizás una herramienta informática más simple, un contacto más regular con los almacenistas es una solución. Cree una red a su nivel incluso en el propio terreno: aprenderá de la realidad de un punto de venta y estará conectado a este, estando a un paso por delante de sus colegas que no se toman el tiempo de hacer ese esfuerzo. Consiga su propia información, pero también consiga mejorar el día a día de los almacenistas: haga que pierdan menos tiempo, por ejemplo, con la misma herramienta informática reduciendo al mínimo la información requerida. Mantenga las cifras y reemplace las casillas para llenar con intercambios cara a cara regulares. Todos ganarán. Usted y su gerencia ganarán en confiabilidad, los almacenistas en disminuir la carga de trabajo y la dificultad.

No aprenda solamente los aspectos técnicos.

Aprenda también la comunicación. Haga poderosos sus mensajes. Aprenda a vender, a convencer, a presentar simplemente con hechos las cosas complejas. Aprenda PowerPoint y domine esta herramienta. Aprenda las bases de la retórica para hacer frente a los ataques de sus adversarios.

Aprenda las bases del derecho sea usted técnico, ingeniero o financiero. Aprenda las bases de las finanzas, sepa leer un balance y una cuenta de resultados si usted es ingeniero o jurista.

Aprenda las bases de la economía. Interésese por la geopolítica.

Aprenda sobre usted mismo y aprenda a tomar regresión sobre su vida. Aprenda de la vida de otros y sus experiencias. Lea biografías de personajes que susciten su curiosidad. Aprenda la historia de las sociedades, países y culturas. Interésese por la filosofía, descubra o redescubra los estoicos, lea o relea a Marco Aurelio y sus «Pensamientos para mí mismo».

Aprenda sobre ciencia, el universo, los animales. Estos últimos nos enseñan mucho sobre nosotros mismos.

Explore la ciencia ficción para imaginar el futuro y proyectarse allí.

Los libros, el internet, la televisión, la radio, las conferencias, la prensa, los podcasts... Los soportes para aprender son tan numerosos, aproveche de esto.

Comprenda el universo en el cual usted evoluciona, del mundo en el cual vive, del sector en el cual trabaja, de las personas a quien trata, del oficio que ejerce, de los competidores que le amenazan, de usted mismo.

Aprenda. Todavía y siempre. Y, sobre todo, nunca deje de hacerlo.

Generalmente, los que fracasan responden que no tienen tiempo de aprender, que ellos ya no tienen la edad, que ellos dejaron los estudios desde hace tiempo. Sin embargo, todas las personas exitosas que conozco, tienen ganas de aprender permanentemente. Ellos se forman con mucho gusto para realizar las diferentes etapas necesarias para realizar sus objetivos. Y cuando leo biografías o los libros de los grandes hombres de la historia, o de los que tienen éxito en el mundo actual, todos tienen esta sed de aprender, de comprender.

Para aprender, rodéese de personas que tuvieron éxito. Aprenda de ellos. Aprenda de los mejores. Ellos le impulsarán hacia arriba y no hacia abajo. Si no los conoce, lea los libros que ellos escriben, mire sus vídeos o entrevistas, siga sus formaciones, escuche sus podcasts... Los medios no faltan, sobre todo hoy en día.

Si usted no tiene la costumbre de leer, no importa. Fíjese un objetivo modesto de veinte páginas al día, lo que hace diez hojas al día, es decir en apariencia nada. ¡Pero al cabo de un mes, esto hace seiscientas páginas, es decir fácilmente dos libros! En doce meses, esto representa veinticuatro libros y ciento veinte en cinco años. Es enorme y tan fácil: un pequeño esfuerzo cotidiano y regular sobre la duración y lo logrará.

2.5. Ser de mente abierta y pensar ampliamente (el «nexialismo»)

Una mente o ángulo de visión restringido reducirá sus posibilidades de supervivencia en una empresa y prácticamente eliminará cualquier posibilidad de progresión.

Así como para un automóvil, el peligro puede estar delante, detrás, en los costados y en los ángulos muertos. Tal como para alguien que conduce un automóvil, conocer la región, los atajos, los horarios de punta, ayuda a ganar tiempo.

Recuerde los capítulos precedentes: nunca dejar de aprender, nada es ilógico, la benevolencia. Estos tres elementos juntos le ayudarán a aumentar de manera exponencial su capacidad a ver ampliamente, a evitar un máximo de peligros y siendo capaz de detectar un máximo de oportunidades.

Muchas personas se contentan con contemplar lo que ven. Una pequeña minoría procura comprender cómo esto se produce. Y una minoría todavía más pequeña, hasta podríamos decir una ínfima minoría, procura comprender no sólo cómo esto se produce, sino también por qué. Y ahí, no hay que vacilar. Si usted quiere aumentar sus posibilidades de sobrevivir y de evolucionar, debe formar parte de la ínfima minoría.

Primero, acostúmbrese a multiplicar los puntos de vista. En caso de desacuerdo entre varias personas, tome el tiempo de comprender los temores y los deseos que cada uno tiene detrás de sus reivindicaciones. Y comprenda por qué.

Recuerdo una confrontación entre los asalariados de un sitio de producción y su dirección. Los primeros reivindicaban una aumentación de salario. La dirección, en cuanto a ella, explicaba que no podía hacerlo a causa de los malos resultados financieros. A partir de ahí se emprendió un diálogo de sordos particularmente agitado.

¿Cómo resolver este problema? Aumentando los salarios por supuesto, ya que es lo que los asalariados desean. A pesar de los malos resultados financieros, un pequeño aumento habría podido ser contemplado efectivamente sin poner en peligro la sociedad. Pero a medida que profundizaba en el tema, especialmente cuando discutía independientemente con los empleados, me di cuenta de que estaban sufriendo a causa de su trabajo. Las cadencias eran demasiado rápidas. La automatización de esta cadencia asociada con el ruido, la repetitividad durante años de los mismos gestos simplemente desgastó sus cuerpos y mentes. Por no hablar de la rigidez al límite de la inhumanidad de algunos jefes de talleres, negándose a permitir que algunas madres se ausentaran para visitar a un hijo hospitalizado.

El porqué del problema no era de hecho el dinero, sino las condiciones de trabajo agotadoras y la falta de consideración. Las disminuciones de la velocidad de la cadencia se compensaron por una organización del tiempo de trabajo de los equipos. Los descansos se han ampliado y las salas de descanso se han hecho más acogedoras. Refrescos, té, café, fruta fresca estaban disponibles en un espacio más tranquilo, ofreciendo asientos cómodos para relajarse. Pastelitos y croissants a libre disposición todas las mañanas y todos los viernes los empleados salían una hora antes. El costo adicional fue muy bajo para la administración. El clima social mejoró notablemente y los empleados lo apreciaron mucho.

La empresa continuó durante dos años más con dificultades financieras, pero sin ninguna demanda de aumentos salariales. El tercer año resultó ser financieramente próspero. Cada empleado recibía una bonificación correspondiente a un mes de salario, sin haber pedido nada. Ningún empleado renunció a la empresa durante este período.

El dinero es generalmente la monetización de problemas más profundos. El descontento de los contribuyentes sería más débil ciertamente si en ciertos países los impuestos pagados garantizaran una verdadera jubilación, la protección contra el paro, la seguridad, la salud o la educación. Este descontento en realidad, es justificado en gran parte por el hecho que los impuestos no dejan de aumentar, las jubilaciones están amenazadas, existe precariedad del empleo, la inseguridad no deja de crecer y la cobertura de salud o la calidad de la educación no dejan de disminuir. Y dar unas centenas de dólares o de euros de más al año no basta arreglar el problema.

Multiplicar los puntos de vista, buscar el por qué además del cómo es esencial. Tanto como el dejar de pensar «esto no es para mí» o «no puedo lograrlo» y reemplazar esas frases - excusas por «¿cómo puedo lograrlo?».

La historia será una aliada preciosa. Procure comprender la historia de la sociedad donde usted trabaja. Trate de encontrar alguien en la organización, si es posible en un buen puesto, que vivió una buena parte de la cronología de esta empresa. Vaya a verlo y explíquele que le gustaría saber más sobre la historia de la sociedad, su ADN, y lo que usted comprendió, acerca de lo que ha escuchado y en que él podía ayudarle. Si está muy ocupado(a), trate de almorzar con él(ella). Aprenda de la cultura de las empresas fusionadas, sus fortalezas, sus debilidades, entender quién viene de qué entidad y quién viene de otra. Intente entender las rupturas, los clanes, las luchas que se hayan podido producir... No solo aprenderá mucho sobre su entorno diario, sino que además habrá hecho un contacto de alto nivel, que su curiosidad no dejará de desentrañar.

Y más allá de su empresa, sumérjase en la historia. La historia de las técnicas, modas, religiones, el pensamiento, ciencias, civilizaciones. Aprenda de personajes con una vida apasionante. Su mente se clarificará cada vez más.

La historia tiende a repetirse. Usted encontrará analogías pertinentes con situaciones actuales. Podrá reflexionar cómo un desenlace histórico puede aplicarse en la situación actual. Las ventas de productos similares ya habían fracasado hace 20 años: ¿Cómo, por qué? ¿Qué soluciones y cuales errores se cometieron en la época?

Por otra parte, el presente es forjado por el pasado. Observe la situación hace cincuenta años, veinte años, diez años, cinco años, un año hacia atrás y hoy compárela a la situación de hoy en día. Usted verá tendencias que se dibujan. Bajadas, subidas, ciclos, accidentes: trate de identificarlos, de explicarlos. Tratar de prolongar estas tendencias para proyectar un futuro probable. El que piensa de esta manera tiene grandes posibilidades de tener permanentemente golpes de avance sobre los otros, como un buen jugador de ajedrez.

Comprender todos los puntos de vista, buscar por qué además de cómo, aprender de la historia le ayudará a maximizar su mentalidad abierta.

Combine estas habilidades con el aprendizaje a lo largo de toda la vida, en múltiples áreas, usted se dará cuenta que siempre terminan más o menos superponiéndose. Desarrollará una capacidad excepcional para adaptarse, anticiparse, resolver problemas complejos.

Aprenda en todos los dominios, incluso la comunicación. Aprenda también a cultivar su imagen y estudie las bases de la psicología, interésese por las neurociencias a través de revistas científicas que vulgarizan estos temas complejos para el gran público. Optimizará su comunicación, hará pasar más eficazmente sus mensajes, venderá más fácilmente sus ideas.

El escritor Alfred van Vogt, en su obra La fauna del espacio dio un nombre a esta capacidad de atar saber múltiple: el «nexialismo».

El gerente «nexialista» es un campeón del resultado. Sus resultados son únicos, porque él combina una multitud de factores que vuelven sus acciones precisas, dirigidas, sometidas a un mínimo de azares.

Mantenga una mente abierta y cultive su «nexialismo». Aumentará sus habilidades mentales y creativas por diez, y en finalmente sus resultados.

Tuve que tratar siniestros de seguros particularmente complejos. Algunos de varias decenas incluso varias centenas de millones de dólares. Pude en ciertos casos aumentar el monto de la compensación de más del 50 %.

¿Cómo? Verificando, desafiando todo el trabajo del experto de seguridad, línea por línea. Sin ser experto en ninguno de estos dominios, yo tenía las bases en derecho, en gestión, en logística, en fiscalidad, en seguridad, en Microsoft Excel, en gestión de proyectos... que me permitieron hacer este trabajo, hacer las buenas preguntas y de coordinar después los grupos de expertos. Sobre cada punto discutible, hemos elaborado una estrategia de respuesta con un importe alternativo, sólidamente demostrado técnicamente y jurídicamente. El resultado ha dado más que sus frutos. Si no hubiera tenido conocimiento en seguros, esto no habría resultado. Si no hubiera tenido conocimiento en gestión de proyectos o en derecho, hubiese sido un fracaso. Esta estrategia tuvo éxito porque yo tenía bases suficientemente buenas en estos diferentes dominios. El valor añadido fue considerable.

Los mejores gerentes, los expertos, los líderes, los empresarios a quienes pude encontrar eran todos los «nexialistas» y ellos pasaban un tiempo colosal aprendiendo de otras personas. Ellos tienen la habitud de frecuentar casi exclusivamente sólo a personas que les enseñan nuevas cosas, que les hacen progresar.

2.6. Tener la capacidad de observar y escuchar

Todos ven y escuchan. Sin embargo, muy pocos saben cómo observar y realmente escuchar.

Cuando empecé a trabajar, con mi pequeño ego inflado por ser recién graduado, hablaba, actuaba, pero no sabía observar ni escuchar. Y esto me ha costado muchas decepciones.

Para entender un problema y detectar oportunidades, es esencial observar y no solo ver. Volvemos a la cuestión de cómo y por qué. Observar implica comprender el cómo. Una observación exhaustiva, complementada con el conocimiento adecuado le permitirá definir el por qué.

Observar un problema es observarlo desde su origen hasta su materialización. ¿Cuál es la fuente? ¿Cuál es su ruta? ¿Cómo gana importancia? ¿Cuáles son los pasos que aumentan o ralentizan la expansión del problema? Todos estos elementos necesitan ser explorados y aclarados.

A veces el problema no es solo técnico. Los problemas (y por lo tanto las oportunidades) se encuentran en las interfaces. Interfaz entre contratistas, interfaz entre departamentos, interfaz entre varios contratos, interfaces entre varios sistemas informáticos o software... Las interfaces son aún más numerosas en cuanto la empresa es importante y las partes interesadas son numerosas. Solo se necesitan dos personas que no se gustan, cada una en un departamento diferente, para que los archivos enviados por uno sean colocados debajo del fondo de la pila por el otro. A veces es una verdadera guerra entre departamentos.

Observe en las reuniones quién mira a quién y cómo. Verá sonrisas discretas, guiños, miradas preocupadas, señales discretas, a veces discusiones por Whatsapp o Wechat en vivo...

También escuche las opiniones de todos. Escuche los rumores, sin venderlos, y tomándolos con todas las precauciones necesarias.

Sus sentidos son preciosos aliados. Recuerde que está en territorio de riesgo y la empresa es una jungla moderna. Recuerde que no solo tiene cerebro y corazón, sino también ojos y oídos.

2.7.
Tener el gusto por el trabajo bien hecho

Lo que se hace a regañadientes habitualmente está menos bien hecho que lo que se hace voluntariamente.

Su reputación es un activo clave que debe mantener con el máximo cuidado. Le llevará años construirla y solo unos pocos descuidos para destruirla. Haga algo que como mínimo le guste y en el que encuentre un mínimo de interés. Si no es así, intente cambiar de trabajo si es posible.

Si hace algo que le gusta, su trabajo será menos agotador, mejor hecho, porque encontrará una fuente de satisfacción que le motivará. Naturalmente se involucrará más, estará más motivado para profundizar en el tema, para ampliarlo, para mejorarlo. Capitalizará sus conocimientos básicos: su experiencia se consolidará día a día y se extenderá a un alcance más grande. En pocas palabras, usted aumenta las posibilidades de una promoción, interna o externa.

2.8.
Tener tiempo

El tiempo es su recurso más preciado. A todos nos gustaría tener más tiempo, pero lamentablemente no podemos extender las veinticuatro horas que componen un día.

Cuanto más avanzamos en la vida, más nos damos cuenta de que el tiempo pasa rápidamente y que es limitado. También nos damos cuenta de que pasamos la mayor parte de nuestras vidas durmiendo, trabajando y en desplazamientos, incluso entre el hogar y el trabajo. Nos damos cuenta de que pasamos más tiempo en el trabajo que con nuestra familia.

Este tiempo que pasa, sin embargo, tenemos la posibilidad de gestionarlo, desperdiciarlo o no.

Con respecto al sueño, recuerdo mis años de estudiante. Podría trabajar o salir toda la noche e ir a la universidad al día siguiente sin ningún problema. Hoy, si salgo toda la noche, voy a necesitar una semana para recuperarme. Así que trato, en la medida de lo posible, de limitar las salidas nocturnas entre semana y ofrecerme más salidas más los viernes y sábados, rara vez después de la una de la madrugada.

También tenía tendencia a irme a la cama todas las noches a cualquier hora y levantarme tarde. Un día, leí un artículo sobre personas exitosas. Este artículo decía que estas se duermen a horas regulares y se levantan temprano. Sonaba como una buena broma. ¿Cómo puede ser que levantarse temprano sea un factor de éxito? ¿Cómo ayuda al éxito acostarse en un horario regular? No vi la conexión.

Un día, tuve que llegar temprano al trabajo durante quince días. Levantarme a las cinco y media de la mañana era difícil y a las nueve de la noche ya estaba cansado. Pero después de unos días, me di cuenta de que mis días se habían vuelto mucho más productivos y que estaba generando mayores cantidades de trabajo. La madrugada es tranquila, sin agitación. Sin teléfono. Sin correo electrónico. Ningún colega llamando a la puerta. Acompañado de un buen café, las primeras horas de mis días me permiten centrarme de forma excepcional en los archivos más complejos. Al adquirir este hábito de acostarme más temprano e igualmente levantarme más temprano, de manera regular, me siento menos cansado, más en forma. Y en lugar de irme tarde, salgo del trabajo antes.

La buena farsa fue en realidad una revelación, un secreto de efectividad. Y ahora entiendo por qué este artículo decía que los que tienen éxito se levantan y se acuestan temprano.

En el trabajo, también tenía una serie de ideas y esperanzas preconcebidas que, al final, nunca me ahorraron nada, sino que me hicieron perder mucho tiempo.

La primera de mis creencias fue trabajar duro para ganar más. En este caso, si trabajo muy duro, ganaré aún más. Y si me agoto en el trabajo, será el premio mayor. Ese es el razonamiento simple, por no decir simplón, que tenía en mente. Por lo tanto, me agoté en el trabajo durante años, sin contar ni mis horas, y mucho menos mis fines de semana. Incluso respondí todos los correos electrónicos durante mis vacaciones.

El primer año, estaba esperando la recompensa por tanto esfuerzo y nada. El segundo año, nada. Tal vez tenga que ser paciente y esperar hasta el tercer año ... Pero no, todavía nada. Fui calificado como bueno cada vez, con muchos cumplidos muy halagadores, pero no obtuve ningún bono o promoción adicional. Y a mi lado, las personas que parecían haberse reducido a la mitad y que se iban a las 5 p.m. de la oficina, fueron promovidas y además ganaron bonificaciones excepcionales. Era el mundo al revés.

Después llegó ese día en que mi salud me decepcionó y terminé hospitalizado. Después de este episodio, no pude agotarme como antes, se volvió peligroso para mi salud. Así que, constreñido, trabajé menos, me iba antes. ¡Y obtuve los mismos resultados al final del año!

Lo que en realidad me pidieron que hiciera era realizar mi trabajo, nada más. Y recordé esta cita de Confucio: «El que excede su meta, no la alcanza». Tenía 200% de razón y lo había entendido todo.

Mi trabajo, básico en realidad, solo requería unas pocas horas al día para estar bien hecho. Liberé mucho de mi tiempo. No solo me fui temprano en la noche y disfruté de mi vida personal, sino que también liberé espacio para proyectos que desarrollarían mi carrera y salario.

Estos proyectos, siempre los selecciono todo con mucho cuidado. Tres como máximo por año. Deben tener éxito. Para ello, debo centrar todos mis esfuerzos en estos tres proyectos y no dispersarme. En general, pongo los dos más simples en mis metas anuales y logro el tercero por separado. Si este tercer proyecto tiene éxito, es un plus. Si fracasa, no me penalizan a finales de año. También logro mantener mi carga de trabajo, incluido mi trabajo diario y mis dos o tres proyectos anuales, de manera razonable lo que me permite salir de la oficina temprano.

También trato de ahorrar tiempo para realizar mejor estos proyectos. Al no ser un genio, me gusta inspirarme en los genios. Y uno de ellos, el físico Albert Einstein, encendió una luz más en mi cerebro. Cuando un periodista le preguntó si tenía una hora para resolver un problema cuya solución le salvaría la vida, según los informes, respondió que pasaría cincuenta y cinco minutos entendiendo el problema y solo cinco minutos desarrollando la solución. Aplicando este principio, logro resolver archivos complejos y llevar a cabo con éxito la mayoría de mis proyectos con alto valor añadido.

Dejo el problema, la pregunta, en un rincón de mi cerebro. Y el tiempo hace su trabajo. El tema se aclara y se simplifica gradualmente. Las ideas vienen, la estrategia y las acciones a tomar van surgiendo poco a poco. Y después de unos meses, el plan de acción está claro, casi maduro, casi listo para ser ejecutado. Por lo tanto, el tiempo dedicado a estos proyectos de alto valor se minimiza. Cuanto tiempo ahorrado para hacer otras cosas.

En el trabajo, también aprendí a no dar sin recibir. La primera aplicación es cuando su jefe acude a usted para confiarle un nuevo proyecto. En cualquier caso, muestro un gran interés, incluso simulado. Si el expediente me parece bueno, con alto valor añadido, con posibilidad de puntuar frente a la jerarquía, lo tomo para estudio en un plazo de veinticuatro horas y evalúo mi capacidad para tratarlo adecuadamente. Si el expediente no es de gran interés, sino una carga de trabajo adicional, mi respuesta es siempre la misma: «Me gustaría hacerlo. Sin embargo, tengo muchos estudios en progreso y si me ocupo de este, tendré que renunciar a los archivos X e Y (implícito para mi jefe y para mí, que podemos ganar puntos en estos archivos)». La respuesta suele ser la misma: «De hecho, continúe en estos expedientes, son prioritarios. Confiaré este proyecto a otra persona.» Y funciona. Lo que se necesita es monetizar este proyecto poco interesante contra algo que hará que su jefe pierda o aumente aún más problemas de los que ya tiene.

En el trabajo, también evito las reuniones que son innecesarias o para las cuales mi presencia no es requerida imperativamente por una autoridad superior. Siempre pregunto sobre el tema de la reunión, qué se espera de mí, cómo se requiere mi valor añadido, etc. Y, después de una verificación, puedo darme cuenta que mi presencia es inútil. Si se discute un punto no importante, dejo que alguien de mi equipo prepare el tema, lo vuelvo a revisar con él y dejo que él se encargue de asistir a la reunión. Horas fijas ahorradas cada semana.

Finalmente, digo que no. Cualquier cosa que no sea imperativa, una fuente de ahorro o efectivo, todo lo que no esté relacionado con mis metas, casi siempre digo que no. Casi, porque a veces hago excepciones, sobre todo para ayudar a un compañero que necesita ayuda y al que aprecio.

Y digo no al presentismo. Me quedo en la oficina si tengo algo que hacer allí, de lo contrario me voy. No es necesario dejar una chaqueta en su asiento para hacer creer en una presencia que todos saben que es falsa. A veces me quedo en la oficina hasta las 10 p.m., pero eso es muy raro. Esto sucede sólo en casos impor-

jetos poco interesantes, restaurantes con personas inútiles o tóxicas, invertí en mi salud. El retorno de la inversión es increíble y sigo recurriendo a un entrenador deportivo dos veces a la semana.

Tener sobrepeso me ha socavado y cada vez que recupero algo de peso, me siento peor, más cansado, más irritable.

La mala salud hará que no esté disponible para llevar a cabo sus metas. Por lo tanto, debe asegurarse de que estará completamente disponible y no postrado en una cama. Haga chequeos regulares. Vaya todos los años a revisar sus dientes al dentista, sus ojos al oftalmólogo, la audición a un otorrinolaringólogo. Si usted es una mujer, hágase despistar regularmente el cáncer de mama. Si usted es un hombre, el cáncer de próstata. Consulte con su seguro de salud si no tiene derecho a chequeos de salud gratuitos, esto vale la pena.

Si experimenta fatiga permanente, dificultad crónica para concentrarse, ya sea en el trabajo o conduciendo, por ejemplo, puede tener síndrome de apnea del sueño. Consulte a su médico habitual que puede derivarlo a un especialista para un diagnóstico. Si tiene apnea del sueño, hágase un tratamiento. Esto aumentará su energía, su capacidad de concentración y su rendimiento.

También encontré beneficios en caminar todos los días hacia y desde el trabajo. Por la mañana, un soplo de aire fresco ayuda a despertarse, pensar en cómo organizar su día, cómo abordar los problemas urgentes. Esto le permitirá prepararse incluso antes de llegar a la oficina. Por la noche, esta caminata lo ayudará a hacer un balance del día mientras libera la presión. Si no tiene la oportunidad de caminar, hágalo después del almuerzo o bájese en una estación de metro o autobús antes.

Todo esto para decir: cuide su salud. Será más eficiente, más resistente, más duradero, más reactivo con el tiempo. También limitará el riesgo de un accidente o enfermedad que podría comprometer su éxito profesional.

2.11.
Tener un mentor

Tener uno o más mentores es una oportunidad, especialmente al comienzo de su carrera cuando aún no está familiarizado con el funcionamiento de una empresa. Sin embargo, si el mentor es una oportunidad, también puede convertirse en un riesgo que puede poner en peligro su futuro. Por lo tanto, se requiere precaución.

La mayoría de las veces, su mentor será un supervisor que, viendo en usted un potencial, le considerará como su protegido. Su mentor también puede ser un profesor, un pariente cercano de la familia, el miembro de una asociación o un sindicato profesional... Es más bien el mentor quien elige a su protegido y no lo contrario, a menudo sobre la base de un sentimiento muy personal. Una pequeña frase original, una idea interesante, un punto de vista relevante, habilidades técnicas y humanas por encima de la media... son todos elementos que atraerán los mentores hacia usted. En algunos casos, el mentor tenderá a pensar en usted como un hijo (o hija) ideal o recordará sus propios inicios entrando en contacto con usted.

El mentor tiene conocimientos valiosos que compartirá con su protegido.

En primer lugar, su experiencia empresarial y corporativa. Se familiarizará más rápidamente con el entorno en el que opera, a menudo se le presentarán contactos útiles e influyentes. Por no hablar de los innumerables consejos, entrenamientos y sesiones de soporte profesional de los que puede beneficiarse y que aportarán a su juego cartas de primera opción.

Su mentor probablemente le ayudará a realizar pruebas a través de misiones cuidadosamente seleccionadas que él le traerá sobre una bandeja. Con el fin de asegurar su éxito, e indirectamente el propio, su mentor sin duda marcará su camino y se centrará en limitar ciertos riesgos.

Su mentor es un activo importante. Por supuesto, usted puede tener éxito sin un mentor y hay muchos ejemplos de éxito sin un mentor. Pero tener un mentor le ayudará a progresar más rápido, incluso si eso significa saltarse pasos.

Sin embargo, si usted tiene la posibilidad y la suerte de tener un mentor, tenga mucho cuidado con los riesgos que esta situación puede conllevar.

En primer lugar, existe el riesgo de tener un mal mentor o un falso mentor.

El mentor equivocado es un mentor aparente que finalmente le hará perder su tiempo o incluso será tóxico. A algunos ancianos les gusta dar consejos a las personas más jóvenes. La calidad de este consejo habitualmente depende de quién lo proporciona.

Si su mentor ha hecho una hermosa carrera, tiene una sólida reputación en su empresa, tiene logros notables en su trayectoria, gana un salario particularmente alto, ciertamente está tratando con alguien creíble y que puede brindarle un valor real. Por otro lado, aquellos que están marginados, aplacados, que no tienen logros sólidos en su recorrido, que constantemente comentan las decisiones de la jerarquía, pero no actúan, aquellos que le explican cómo manejar las relaciones de pareja mientras que están en su sexto matrimonio... deben evitarse. Como regla general, siga los consejos y el ejemplo de aquellos que han tenido éxito.

El falso mentor utilizará la inexperiencia y la credulidad de los más jóvenes para jugar a los sabios. No ha logrado nada, no ha superado nada, habla mucho y no actúa. Él fingirá entrenarle, darle valiosos consejos y usted puede caer en esta ilusión. Para no perder su tiempo y energía con un falso mentor, verifique desde el principio sus logros, éxitos, reputación y cercanía a altos niveles jerárquicos. Si resulta que realmente está tratando con un falso mentor, manténgase cortés, dele algo de tiempo por respeto para evitar hacer un enemigo, pero no más.

El riesgo de manipulación por parte de su mentor también debe tenerse en cuenta. Puede usar su inexperiencia, su energía ilimitada, su motivación, su credulidad, a veces su codicia, para que usted haga el trabajo sucio y tomar riesgos que él nunca se hubiera atrevido a tomar. Huya de este tipo de individuos. Se dará cuenta rápidamente de este tipo de situaciones y, aunque sea un principiante, siga a un amigo útil: su instinto.

Frente a los malos y falsos mentores, otra forma de limitar el riesgo y tener cuidado constantemente es de no confundir un mentor y un gurú. Un gurú busca manipular a los débiles. Un mentor, uno real, buscará hacerle progresar. Si usted es lo suficientemente afortunado como para tener un mentor con el espíritu de un maestro, incluso puede hacer que sea mejor que él mismo.

También debe ser prudente con las relaciones que su mentor tiene dentro de la empresa. Si es parte de un clan, tenga especial cuidado de que no se vuelva un día en su contra. Recuerde que necesita tener el máximo de apoyo en su empresa. Ser parte de un clan o ser asimilado a un clan es peligroso si ese clan alguna vez pierde velocidad. Asegúrese de ser bueno con todos, incluso si su mentor está arraigado en un clan o es un beligerante activo en una guerra entre servicios.

Recuerde que su mentor, mayor que usted, tiene grandes posibilidades de irse antes que usted. A partir de ese momento, usted estará solo, abandonado a su suerte y potencialmente a merced de los antiguos adversarios de su mentor. Lo que usted hizo perdurar bajo la protección de su mentor, pueden hacerle pagar con intereses. Una vez más, incluso si tuviesen tensiones con su mentor, se salvará relativamente de este tipo de situación si usted ha sido amable con todos. La partida de su mentor puede exponerle peligrosamente. Su sucesor puede ponerle en el armario o separarse de usted, poniendo un freno brutal a su carrera. Tal vez él mismo tenga su propio protegido a ubicar dentro de la empresa...

La mayoría de los que han tenido la suerte de tener un mentor sin duda le dirán que se puede crear un fuerte vínculo entre el mentor y su protegido. Este vínculo, como mencionamos anteriormente, puede incluso a veces tomar un aspecto casi filial. Una vez más, su mentor no es ni un gurú ni un padre. Su mentor no es eterno. Algún día se jubilará, cambiará de compañía, podrá ser despedido... dejándole solo sin su protección benevolente, sus consejos útiles y su ayuda. Su partida puede aislarle si ha apostado todo por él. Conocí algunos protegidos en ascenso profesional y de repente estancados en su carrera una vez que sus mentores se fueron.

Algunos incluso han caído en una nostalgia paralizante. Olvidaron que el tiempo con su mentor era solo una página de la vida. Como todos los demás, el mentor eventualmente se convierte en un recuerdo que algún día morirá con usted. Todo debe ser relativizado y usted debe mantener la cabeza fría.

Tener la cabeza fría le ayudará aún más porque, una vez que su mentor se haya ido, la existencia en la empresa será más difícil. Ya no se beneficiará de su protección y apoyo. Probablemente tendrá que buscar oportunidades por su cuenta, ya que estas ya no llegarán por sí mismas. Si su mentor le ha ayudado a quemar etapas para saltar los escalones rápidamente, finalmente preste atención a los escalones quemados: pueden convertirse en debilidades. Un buen general debe tener experiencia en el campo y en el combate, no solo en oficinas silenciosas.

Tener un mentor, uno real, es una gran oportunidad, pero solo si usted es consciente de los riesgos asociados y si evita las trampas que acabamos de mencionar. El verdadero mentor puede mejorar sus habilidades técnicas y humanas. Puede ayudarle a superarse a sí mismo, a salir de su zona de confort con una sensación de seguridad.

¿Tiene la oportunidad de tener un verdadero mentor? No lo deje pasar, de lo contrario es una suerte increíble que usted dejaría escapar.

3.
Ser, saber ser y saber cómo parecer

3.1.
No ser víctima de su destino

Todos los días escuchamos al menos a una persona explicándonos que sus problemas se deben a la culpa de los demás.

Me pagan mal. Mi jefe me explota. No reconocen lo que valgo. Siempre son los demás los que son promovidos... Esto es lo que a menudo tiendo a escuchar. No tengo el color correcto. No tengo la nacionalidad adecuada. Soy una mujer (o un hombre). Soy demasiado viejo (o demasiado joven). No vengo del buen medio social. No tengo los títulos (o estoy demasiado graduado). Es culpa de la crisis. Es por el gobierno (no importa si es de izquierda o de derecha). Es la mala suerte. El destino se ensaña sobre mí. ¡PARE!

Llega un momento en el que usted tiene que asumir la responsabilidad y dejar de justificar sus fracasos o mediocridad poniéndola sobre las espaldas de los demás. También es necesario dejar de poner excusas para la inacción personal imputándola a otros o al destino.

Si está mal pagado, ¿Sus colegas o contrapartes en empresas competidoras está mejores pagados que usted? Si es así, ¿por qué? Si la competencia paga mejor, ¿Qué hace siempre allí rumiando en lugar de aplicar una candidatura a la competencia?

¿Su jefe le explota? ¿Es este el caso con todos, con algunos empleados o solo con usted? ¿Los demás tienen éxito y usted no?

¿Qué hacen los que tienen éxito y cómo lo hacen donde usted fracasa?

¿Qué aporta usted a su empresa e indirectamente a su jefe? ¿Gana más de lo que cuesta? ¿Cuánto dinero ha aportado a su empresa? ¿Cuánto ha ahorrado a su empresa? ¿Qué ha mejorado usted en su empresa? ¿Y cuánto le cuesta usted a la empresa?

Regla número uno: La empresa no es una organización benéfica. Su objetivo es de obtener ganancias. Si cuesta más de lo que trae, va en contra de su propósito. En este caso, no es de extrañar que no se le aumente, porque costaría aún más que ahora e iría aún más en contra del objetivo de obtener ganancias. Y en este caso, ni hablemos de una evolución.

En segundo lugar, no justifique sus fracasos por su género, color, origen o nacionalidad. La misoginia, el racismo y la xenofobia son, por desgracia, realidades de la naturaleza humana. Los conocí, a veces soportados por la ira y el dolor. Estas realidades son el resultado del miedo natural de quienes las mantienen. Este miedo es el de enfrentarse a una mayor competencia y, en última instancia, perder un activo que se considera valioso.

Este logro puede ser una fuente de ingresos (un trabajo), una fuente de poder, autoridad y control, una fuente de prestigio... Quienes discriminan a las mujeres no buscan otra cosa que limitar la competencia potencial. El que discrimina a los hombres sólo busca tomar el lugar del que discrimina a las mujeres. El que discrimina a las personas negras para no tener que contarlas como competidoras entran en el mismo registro al igual que las personas negras que discriminan a las personas blancas.

Esas realidades están ahí. Son mantenidas por personas que ponen sus instintos protectores primarios frente a la razón. También son mantenidos por otros, particularmente cínicos, que utilizarán el miedo de los primeros para lograr objetivos personales muy específicos.

Estas realidades pueden complicar su trayectoria laboral, pero en ningún caso deben detenerle. Necesita ir más allá de estos aspectos y mantenerse profesional. Muchas mujeres ocupan puestos de responsabilidad y prestigio. Desde mi experiencia personal, he visto la misma proporción de hombres y mujeres incompetentes. Conocí a personas negras incompetentes y personas blancas a veces incluso más incompetentes. Observe a los líderes empresariales: rara vez son jóvenes. Margaret Thatcher era una mujer, lo que no le impidió convertirse en Primera Ministra de Gran Bretaña al igual que Angela Merkel que se convirtió en Canciller de Alemania o Edith Cresson Primera Ministra de Francia. Barack Obama es negro y eso no le impidió convertirse en presidente de los Estados Unidos de América. Entonces, ¿Qué puede impedirle tener éxito en su carrera? Tener más obstáculos no significa que la tarea sea imposible. Simplemente será más complicado para usted. A veces será doloroso, desalentador, incluso aterrador, pero nunca será imposible, especialmente si otros en su situación ya han tenido éxito. Inspírese en ellos. Al final, depende de usted decidir si acepta o no el desafío.

Focalícese en usted mismo, en sus habilidades, en sus resultados. Si a alguien no le gusta su manera de pensar, no importa. Eventualmente se encontrará con alguien que lo apreciará. Es un mal para un bien. Imagine que usted reclutado por alguien que odia su color o el hecho de que sea una mujer, que hace grandes sonrisas en apariencia y que detrás hará todo lo posible para ralentizar su progreso, hacerle daño, humillarle... No ser aceptado en el infierno no es algo tan malo como parece.

Cada uno tiene su propio viaje y obstáculos. El único corredor es usted. Si se cae, es porque no ha podido saltar o evitar el obstáculo correctamente. No es culpa del obstáculo. Analice las razones de su caída y piense en cómo hacer el siguiente intento de salto. Levántese y empiece de nuevo. Comience de nuevo hasta lograrlo. Duele al principio, es cierto, pero al final vale la pena.

No culpe a su nacimiento. Si bien muchas personas ricas provienen de familias ricas, también hay muchas otras que han hecho una fortuna después de vivir modestamente o incluso mal y durante años. Warren Buffett pasó muchos años con solamente con algunos pocos miles de dólares invertidos. ¿Cuántos actores talentosos han luchado durante años para representar pequeños papeles antes de dedicarse a un rol protagonista?

Inspírese de su éxito. Aprenda de su trayectoria, de las pruebas que tuvieron que superar. No culpe a aquellos que han tenido éxito y a quienes usted responsabiliza de sus fracasos personales, mejor inspírese en ellos. ¿Qué hicieron bien? ¿Qué hicieron mal? ¿Qué hicieron que usted no hizo o no consideró hacer para tener éxito?

Es su mente, sus habilidades y, in fine, sus resultados son lo que le permitirá tener éxito. Los obstáculos siempre estarán ahí y es cierto que para unos existen más que para otros. Pero no importa, son parte del juego y en este juego usted tiene que ser el único maestro. Nadie más que usted debe controlar su juego. Gane por usted mismo. Pierda por su propia culpa. Debe asumir la responsabilidad de sus acciones y comenzar de nuevo buscando hacerlo mejor. Debe asumir las consecuencias de su inacción o sus errores para rectificarlos mejor. Todo el mundo sabe que la vida es un juego cuyas reglas son particularmente duras. Si algunos tienen éxito y usted no, es porque aún le faltan elementos para triunfar o no está haciendo lo correcto. Una vez más, inspírese en aquellos que han tenido éxito. También puede estar haciendo todo bien, pero en el lugar equivocado o en el momento equivocado, o incluso en el lugar equivocado y en el momento equivocado al mismo tiempo. También puede ser que siga repitiendo un error sin siquiera darse cuenta. Esto me ha pasado a menudo y seguramente me sigue pasando actualmente. En lo que a mí respecta, se tratan frecuentemente de creencias que no se basan en ninguna realidad o racionalidad y que me empujan hacia acciones erróneas, lo que algunos llaman sesgos cognitivos, o elementos que no conocía ni su existencia. ¿Mi remedio? Leer, siempre más, aprender de los demás.

Querer tener éxito significa asumir toda la responsabilidad de usted mismo. Esperar que mañana sea mejor no le llevará a nada. Hacer lo que sea necesario para hacer que el mañana sea mejor seguramente le llevará a un mañana mejor. Esperar a que las estrellas estén bien alineadas para actuar tampoco le llevará lejos, especialmente si está esperando la configuración astral que solo ocurre una vez cada trescientos cincuenta años. Esperar que el gobierno le encuentre un trabajo o le financie, esperar que el trabajo caiga de cielo probablemente no será la mejor manera de tener éxito.

Hágase cargo y actúe. Confíe solo en usted mismo. Nadie es responsable de su propio fracaso, nadie es responsable de su éxito excepto usted mismo. Inspírese en los que triunfan (no en los que dicen triunfar), deje para otros la actitud miserable, no caiga en el juego destructivo de los frustrados y tóxicos de todo tipo.

Sólo aquellos que toman el control de sus vidas, de su destino, pueden tener éxito. Aquellos que prefieren confiar en su suerte, en la oportunidad de la vida, en la buena voluntad de los demás, no tienen, por el contrario, prácticamente ninguna posibilidad de éxito y se condenan a sí mismos por su propia inacción a convertirse en víctimas de su destino.

3.2.
Ser más fuerte que el miedo

Es todavía difícil explicar de dónde viene el miedo y cómo controlarlo. Si el miedo nos conduce a buenas reacciones en ciertos casos, en otros puede revelarse particularmente peligroso.

Frente a un depredador, el miedo va a tender a paralizarnos y a hacernos inmóviles. Si el depredador puede detectar su presa sólo al movimiento, todo va bien. Si no es el caso, prepárese a transformarse en pequeño bocadillo.

Desgraciadamente para nosotros, la mayoría de los depredadores de la especie humana, así como los virus, no nos localizan por nuestros movimientos. Y desgraciadamente la mayoría de entre nosotros que vivimos en una civilización moderna, corremos más riesgo de ser víctimas de nuestros congéneres.

El peligro más grande en la empresa es de no hacer nada. El tiempo va a actuar sobre usted como la erosión sobre la piedra o como la inflación sobre su ahorro. Sobrevivir y tener éxito implica no esperar que el tiempo pase para ver lo que llegará, pero si actuar.

Sin embargo, el miedo va a frenarle, incluso va a evitarle actuar. Sólo su razón puede convencerle de pasar a la acción. Y el raciocinio es simple.

La primera opción es de no hacer nada. Por el momento, todo va bien, usted se queda en su zona de comodidad y su rutina le aporta satisfacción. Cada mes obtiene su salario, cada año eventualmente sus bonos. Deja pasar el tiempo, no toma riesgos, no procura realmente progresar. Cada mes, sus gastos son cubiertos por su salario. El hecho de no tener que tomar riesgos elimina toda ansiedad. Ronronea y se estanca en este medio ambiente blando y tranquilizador, tal como un pasajero de un crucero transatlántico. En ese caso, usted puede tener la suerte de llegar hasta el fin de su vida tranquilamente: La generosidad de su empresa hasta la jubilación, por lo tanto, la pensión generosa del Estado completada por un fondo sólido de pensión bien guarnecido le ayudarán.

Hay sin embargo grandes posibilidades que las cosas pasen de otra manera. El desempleo puede golpearle a cada momento y si no es independiente económicamente, puede transformar su crucero en epopeya del Titanic. Cuanto más su edad avanza, más su recuperación será difícil. No olvide que los jóvenes son menos caros, que quieren su puesto y que pueden alcanzarle. No olvide tampoco que la competencia extranjera que tiene sed de aprender y que cada año, se refuerza en competencias y en calidad. No olvide sus superiores que bajo la presión de los accionistas deben reducir los costos, usted incluido, para asegurar su puesto y tocar unos bonos economizando su salario. No olvide los modos, la evolución de las técnicas y las tecnologías, las crisis económicas pasajeras o duraderas, los accidentes de la vida. Si usted, a cincuenta años está en el desempleo, sin independencia financiera, corre peligro de terminar como estos batallones de desempleados disfrazados de consultores y quienes juegan un papel tan patético como trágico. ¿Y cómo financiar una existencia cada vez más larga con un sistema social que no es más que la sombra de él mismo? Es entonces cuando sentirá no haber hecho nada. Incluso los esfuerzos colosales que usted puede realizar pueden resultar insuficientes para recuperar el tiempo perdido y borrar sus arrepentimientos. El miedo a la acción inmediata será reemplazado por un miedo crónico al futuro, que cada año se volverá un poco más arraigado en su corazón.

Otra opción, más simpaticona, es la que desarrollamos en esta obra: Tomar riesgos calculados para salir de su zona de comodidad y progresar. Por cierto, usted tendrá pequeños aumentos de adrenalina al principio y un poco de ansiedad que el cambio va forzosamente a crear. Pero rápido, sus éxitos, pequeños al principio, le harán tomar gusto a estos aumentos de adrenalina. Tomará confianza en usted mismo y se dará cuenta que esto no es tan difícil. Poco a poco, aumentará su potencial, llevándolo a un círculo virtuoso. Se sentirá orgulloso de usted mismo. Sus allegados probablemente lo serán también y estarán inspirados por su ejemplo. Se hará resistente al estrés, sólido interiormente, sereno, ganará mentalmente el control de su existencia. Un cierto número de sus ambiciones, de sus sueños podrán así realizarse reduciendo muchos futuros arrepentimientos.

Es la acción que le hará olvidar el miedo.

Es la inacción que mantendrá y desarrollará su miedo.

Comprométase a leer veinte páginas al día, es decir diez hojas, los que no es nada al día, eso son veinticuatro libros de trescientas páginas que usted leerá al año. Es enorme. Veinticuatro libros bien escogidos pueden reforzar su mentalidad, sus competencias y ponerle sobre los carriles del éxito. Si hace esto durante cinco años, son ciento veinte libros. Estos libros clarificarán la incertidumbre que le asusta. Ellos le darán nuevas cartas y harán de usted un mejor jugador, mejor preparado, más seguro de sí mismo. Ellos le calmarán mostrándole que algunos empezaron de mucho más bajo que usted y llegaron totalmente arriba después de haber superado obstáculos tan numerosos como inimaginables. ¿Si ellos lo lograron, por qué no usted? Usted no es más idiota.

Deshágase de los individuos tóxicos que mantienen su miedo y toman de esto un placer interior malsano.

Estas dos acciones simples le ayudarán a iniciar el círculo virtuoso hacia el éxito. Estas dos acciones también le ayudarán a disipar el miedo que le paraliza de una manera fácil y natural.

Lo que impresiona puede dar miedo. Entonces, no se deje impresionar fácilmente. Lo que brilla no es forzosamente oro. Los cabellos grises no son muestra de experiencia. La ropa elegante o el coche de lujo no son muestra de riqueza material. Un gran grupo prestigioso puede tener empleados mediocres o una mala rentabilidad, mientras que una sociedad más modesta puede tener brillantes empleados y una rentabilidad del 30 % anual. Infórmese, investigue, cruce las fuentes de información y desmitificará muchas cosas. Lo mismo que para el éxito personal, siga más bien los consejos de Ray Dalio o de Warren Buffett para lograr sus objetivos en lugar de los consejos de Youtubers que viven en viviendas sociales y quienes le explican cómo hacer fortuna.

Acerca del miedo, hay un último tema que deseo evocar. Es un sentimiento extraño y desagradable que genera pánico sin razón aparente. Viví este sentimiento hace un tiempo y me di cuenta que muchas brillantes personas alrededor de mí lo vivieron también, igualmente sin razón aparente. Ciertos especialistas dieron un nombre a este sentimiento extraño: El síndrome del impostor. Tengo dificultad para poner palabras sobre este sentimiento donde, aunque usted tenga las competencias y la legitimidad, tiene la impresión de ser un usurpador, un impostor, un ilegítimo para hacer el trabajo que le ha sido confiado. El tiempo y sus esfuerzos serán sus mejores aliados para tratar este síndrome. Trabaje para dominar sólidamente sus proyectos, aprenda más y en detalle sobre el tema, trabaje junto con los expertos que pueden ayudarle a proponer soluciones a los diferentes problemas que puedan surgir y reducirá lenta pero seguramente este síndrome del impostor. Sus éxitos, que solo pueden acumularse poco a poco, a medida que se esfuerza, terminarán el trabajo y, como yo, solo guardará de este sentimiento del impostor un mal recuerdo.

3.3.
Saber sacar provecho, una y otra vez

Es más probable que tenga éxito al pararse que al acostarse en la colchoneta.

Al igual que en la vida personal, muchos en la vida profesional se resignan y se rinden demasiado rápido ante las dificultades. Los golpes son parte de la vida. Algunos golpes simplemente duelen, otros hacen mucho mal, otros noquean o pueden llevarnos a los pensamientos más oscuros.

Para sobrevivir y tener éxito, se necesita perseverancia y resistencia. Si, con cada fracaso, mientras sea un fracaso, usted se rinde, entonces prácticamente no tiene ninguna posibilidad de sobrevivir o tener éxito.

¿Quiere sobrevivir en una empresa? ¿Quiere tener éxito? Entonces, prepárese para recibir golpes, para deslizarse sobre jabones y cáscaras de plátano, para recibir puñaladas en la espalda, especialmente si más allá de sobrevivir quiere tener éxito. La competencia es feroz y sus buenos colegas no son necesariamente tan agradables como parecen. Tendrá que prepararse como un boxeador profesional.

Muchos de nosotros reaccionamos en lugar de anticiparnos, lo cual es un gran error. El que reacciona no domina el juego, sino el que lo sufre. Cuando usted juega, debe anticipar las reacciones y los posibles movimientos de su oponente. Dependiendo de las posibilidades de su oponente, ¿En qué situación se encontrará usted? ¿Cómo podrá hacerle frente? ¿Cómo podrá beneficiarse de ella? ¿Cómo podrá ganar? Para esto necesita conocer a sus oponentes y eso lleva tiempo. Mientras tanto, es normal, perfectamente natural, que ellos anoten unos pocos puntos y usted cero. El efecto sorpresa jugará en su contra, pero con el tiempo sabrá cómo ellos funcionan, qué y cómo atacan, sus técnicas, sus trucos... Luego puede prepararlos y llevarlos a su propio terreno de juego.

Recuerdo al director de otro departamento que asistía a todas las reuniones de estrategia. Desafió sistemática y a veces violentamente a los demás, siempre sobre cuestiones de principios abstractos, nunca sobre cifras o cuestiones concretas. Era un fanático de las revistas de gestión publicadas por las principales universidades y escuelas de negocios, aquellas donde los teóricos que nunca han dirigido una empresa ni han tomado decisiones estratégicas explican cómo administrar la suya organizándola de acuerdo con una tabla o pirámide. Aunque vivía en su mundo teórico, este director tenía la aprobación de la dirección general y esto le daba un cierto poder para molestar. Muchos, para evitar ser golpeados en público y, por lo tanto, ser humillados, prefirieron evitarlo.

Desde el principio, me despreciaba y obviamente me clasificaba como un idiota, porque no tenía ningún interés en sus pirámides y sus tableros sin números. En varias ocasiones, había criticado mis proyectos por diferentes razones. Falta de proyecto alternativo para proponer, falta de análisis de fortalezas/debilidades... estas formaban parte de las contestaciones habituales. Sin embargo, había conseguido que cada uno de mis proyectos fuera aprobado, porque eran sencillos y si fracasaban, la empresa no tenía nada que perder. Al final, todos los proyectos que había logrado superar a pesar de sus ráfagas de críticas resultaron ser rentables, lo que no había dejado de señalarle. En las siguientes reuniones, comencé anunciando que no tenía ningún proyecto alternativo que proponer, ni un análisis de fortalezas/debilidades, fijándolo claramente, sino una nueva oportunidad como las que anteriormente habían traído buenos resultados. No me desafió ni una sola vez desde entonces. Su despido fue pronunciado dos años después, por falta de resultados.

Este tipo de individuos son fáciles de manejar. Otros son más retorcidos.

Algunos se apropiarán de su trabajo. Como este gerente que discretamente aceptó una oferta que yo había negociado y obtenido, después la presentó como una gran oportunidad a su jerarquía. Su jefe me había hablado de este nuevo, mejor y más barato servicio que había logrado obtener. No podía creer lo que oía. Invité a su jefe a mi oficina y saqué mis archivos de la época para mostrarle que fui yo quien había obtenido este trato extraordinario tres años antes. Mencioné este incidente como si nada hubiera pasado entre las discusiones con varios gerentes y miembros de la alta gerencia. Su reputación estaba hecha.

Otros cometerán errores y harán que usted los cargue. Recuerdo a ese gerente de otro departamento que me hizo la vida imposible con en un expediente. Sus argumentos no se sostuvieron y en varias ocasiones me dijo que el bloqueo del expediente no era decisión suya sino de uno de nuestros directores generales que era mi superior. La situación así creada planteaba ciertos riesgos para la sociedad y para mí mismo. Así que fui a ver a este gerente general, mi jefe, explicando la situación. Saltó a su asiento, preguntándome quién podría haber autorizado una decisión tan estúpida. Cuando le mostré los correos electrónicos de este gerente alegando que estaba en el origen de esta decisión, explotó de rabia. Al día siguiente, todo se resolvió y la incompetencia de este gerente no tuvo la oportunidad de manifestarse nuevamente.

Otros afirmarán que su trabajo es de mala calidad, como este empleado de mi equipo que estaba buscando sin que yo supiera por qué, hacerme daño siempre que podía. Un día, se dirigió a mi jefe y le demostró que mis cálculos estaban equivocados y que, por lo tanto, estaba poniendo en peligro a la empresa por la falta de rigor de mi trabajo. Tenía una brecha de $ 6.000 sobre un total de $ 2.000.000.000, todo en estimaciones que por naturaleza no podían ser absolutamente precisas. Esta fue una oportunidad para mencionar que esta persona no entendía nada sobre el trabajo que estaba criticando, pero que además mi estimación tenía una tasa de error de 0,0003% lo cual era excelente para una estimación.

También está el gerente que no sirve para nada, pero que presenta su trabajo a la jerarquía jugando al experto. Usted hace el trabajo, él recupera los laureles (y lo más importante, no los comparte con usted). Este es aún más peligroso porque si usted deja que lo haga, el día que tenga que hacer espacio, le explicará que usted no sirve de nada y que solo él es un experto. He conocido uno así. Cada vez que hacía un trabajo que él iba a presentar como suyo, hice arreglos para que su jefe y muchas otras personas en la empresa supieran que era yo quién estaba trabajando y los resultados que estaba presentando eran míos. Eventualmente, pensó que estaba presentando una primicia a su propio jefe quien sabía exactamente lo que era. Peor aún, yo había mencionado cuidadosamente a su jefe de antemano las debilidades y oportunidades de cada proyecto, quien así no dejó de cuestionar a mi jefe sobre los puntos débiles y no dejó de sugerir las oportunidades que yo antes había mencionado. Lo curioso es que mi jefe a menudo regresaba de estas reuniones, sin saber de mis intercambios anteriores con su jefe o con otras personas que asistían a la reunión, molesto porque había sido humillado de esta manera. Me sugirió que hiciera lo que yo mismo le sugerí a su jefe. Me hizo las preguntas que le había hecho a su jefe. Un día, este gerente hizo un plan de reorganización expulsándome. La gerencia sabiendo que el que estaba haciendo el trabajo era yo, su puesto fue eliminado y el mío mantenido. Y aquí de nuevo, su incomprensión era total frente a lo que él consideraba una injusticia y yo como pura justicia.

Y podría contarles aún más de los golpes retorcidos que he sufrido. Cada vez, recibía bofetadas, humillaciones. Pero recibir bofetadas no significa que me tenga que gustar. Tiene que saber aprender de sus errores y sobre todo no repetirlos. Los ejemplos anteriores muestran cómo aprendí a esquivar golpes y devolver contra mis oponentes su propia deshonestidad, su propia codicia, su propio orgullo, su propio desprecio, su propia incompetencia, su propia estupidez.

Todo ello sin caer en sus faltas, en sus retorcidos juegos y manteniendo intactos mis principios. Cada una de etas situaciones resultó en un éxito sobre la mezquindad y la bajeza humana, de esto me sentí orgulloso. Estos éxitos eliminan tanto las bofetadas como las humillaciones que puede haber sufrido, pero también me hacen un poco más fuerte cada vez y contribuyen a mi reputación.

3.4.
Sea oportunista y audaz

Como dice el refrán, todo está bien para aquellos que saben esperar. El problema es que muchas veces esperamos y no llega nada.

Los que no hacen nada esperan. Esperan, sueñan, ven después. Están esperando suerte. La fortuna se puede hacer marcando los números correctos en una cuadrícula de lotería. El ascenso en el trabajo no fue este año: nombraron otro, ya veremos el año que viene. No están bien en su relación, pero ya verán: tal vez todo sea mejor el próximo año. Son infelices, pero hay peor que ellos. No pueden encontrar trabajo porque el contexto es difícil: puede ser más favorable el próximo año, según lo previsto por el Ministerio de Trabajo. A menudo, además, son muy creativos para encontrar excusas para no actuar o justificar su inacción.

Y también están los que actúan. También sueñan, pero en lugar de esperar que la suerte cambie, actúan y hacen todo lo posible para hacer realidad su sueño. Para ellos, la riqueza se hace buscando formas de aumentar sus ingresos, generar ahorros e invierten de manera inteligente. Están constantemente aprendiendo y entrenando. Si son infelices en su relación, actúan: discuten y buscan una solución con su cónyuge o se divorcian, pero actúan. No dejan que una situación dolorosa para todos los pudra. Si el mercado laboral es difícil, buscan formas de diferenciarse, de acercarse directamente a los reclutadores. Son infelices, pero ya no quieren serlo y buscan entender cómo aquellos que son felices hacen para ser inspirados y actuar. No confían en la lotería o en el Ministro de Trabajo para hacer fortuna o encontrar un trabajo. No buscan una excusa para no actuar o justificar su inacción. Su destino no es culpa o la del vecino, sino que está entre sus manos. Ellos lo saben y toman el control de sus vidas.

Los que triunfan suelen ser oportunistas, es decir, saben aprovechar una oportunidad cuando surge. Si se pierden de una, tratarán de ponerse al día. Si las oportunidades son limitadas, centrarán su energía en materializar las pocas oportunidades que existen, multiplicarlas o crearlas.

Algunos buscarán oportunidades a toda costa, a veces en detrimento de otros o de la comunidad: Su felicidad será a expensas de otra persona. Estos oportunistas son destructivos tóxicos. Ellos son los que le pondrán trampas, se apropiarán de su trabajo poniendo su nombre en él, difundirán rumores sobre usted, falsificarán cifras para tener éxito... Hay muchos de ellos. Algunos están disgustados consigo mismos, otros están orgullosos de su cinismo que asimilan a una marca suprema de inteligencia y se admiran cada mañana en el espejo de su baño antes de salir a realizar sus bajos trabajos. Personalmente, nunca he entendido cómo hacen estas personas para estar en paz consigo mismas y, por lo que a mí respecta, las evito tanto como sea posible.

Otros, como ya he explicado, también son oportunistas, pero que son reacios a obtener éxito a expensas de su vecino. Buscan tener éxito sin daños colaterales, honestamente. Y si su oportunidad puede beneficiar a otros mejor, aún más si es para tantas personas como sea posible. Entonces se sienten felices y pondrán aún más corazón en el trabajo para enfrentar el desafío ofrecido. Si tiene éxito en una acción que vale la pena para usted, para su jerarquía, sus colegas y su empresa, solo puede estar orgulloso de usted mismo.

La audacia le ayudará a crear y materializar oportunidades. Este es un rasgo de carácter útil, pero implica tener el coraje de salir de su zona de confort tomando riesgos calculados. No se trata en absoluto de ser un sangre caliente, sino de saber dar el paso para llevar a cabo una acción que puede protegerle o permitirte realizar una oportunidad.

¡Sea audaz, atrévase! Atrévase a proponer nuevas ideas. Atrévase a hablar con su N+2 o N+3. Atrévase a admitir su error y comprométase a rectificarlo. Atrévase a defender su punto de vista sabiendo argumentarlo. Atrévase a decir que no cuando no quiera decir que sí. ¿No se atreve a menudo y tiene miedo? Esto es normal. Entonces, simplemente comience proponiendo un proyecto simple para mejorar la organización del servicio a su gerente. Explique sus hallazgos, lo que le cuesta a la empresa en tiempo o en dinero, lo que propone para remediarlo y haga un cronograma provisional de las diferentes etapas del proyecto. Lidere este proyecto con su corazón, su inteligencia y toda su energía para triunfar en él. La próxima vez, apunte a un proyecto más grande. Después a un proyecto aún más grande. Y cuando su puesto es demasiado estrecho para llevar a cabo proyectos importantes, será el momento de acudir a su N+2 o N+3 o a su director de Recursos Humanos para ofrecer sus servicios en otro departamento destacando sus logros. ¿No hay oportunidad en interno? Busque en otra parte. En cualquier caso, habrá ganado sin problemas la audacia que le ayudará a progresar.

3.5.
Tener movilidad

Hemos visto antes que estar inmóvil en la organización le hace vulnerable. Usted aumenta significativamente el riesgo de ser afectado por un plan social. Por lo tanto, la acción es un factor clave para aumentar sus posibilidades de supervivencia y éxito.

La movilidad también es geográfica. Muchos de nosotros, por facilidad, comodidad, limitaciones familiares o simplemente por amor a nuestra región natal, elegimos no mudarnos. Sin embargo, aceptar misiones o puestos en otras regiones o incluso en el extranjero es un gran acelerador de carreras.

Al final de mis estudios, recuerdo que la mayoría de los estudiantes se fueron a trabajar en un radio de 30 kilómetros alrededor de nuestra universidad. Habían encontrado puestos interesantes, pagados por encima de la media, a menudo en empresas o intuiciones de renombre. Una minoría había optado por no quedarse e irse a las provincias o al extranjero.

Veinte años después, la observación fue llamativa. Los que se habían quedado tendían a estancarse. Mientras estaban en puestos de responsabilidad y bien remunerados, a menudo se mantenían cerca de sus puntos de partida, ya sea en términos de responsabilidades, posición jerárquica o remuneración.

Los que se habían ido a las provincias no necesariamente tenían salarios más altos que los que se habían quedado, debido a las diferencias salariales naturales entre las regiones. Por otro lado, generalmente tenían puestos de mayor responsabilidad, niveles jerárquicos más altos. Y, a pesar de que el salario mostrado en la parte inferior de su nómina era similar o incluso más bajo, en última instancia tenían un mayor poder adquisitivo y una posición más interesante.

Finalmente, los que nos fuimos al extranjero, ya sea por oportunidad o porque no podíamos encontrar un puesto que nos conviniera, la mayoría, tuvimos progresiones profesionales deslumbrantes, ya sea en términos de remuneración o responsabilidades. Muchos alcanzamos niveles directivos o nos encontramos trabajando cerca de los líderes de grandes grupos, mientras que los que permanecieron cerca de la universidad permanecieron atrapados por un techo de cristal dentro de sus departamentos. La brecha salarial podría oscilar fácilmente entre el doble y el triple mínimo. Y curiosamente, cuando regresaron a casa, a los que se habían ido al extranjero les ofrecieron puestos inaccesibles para los que se habían quedado.

Sin embargo, todos teníamos el mismo diploma.

Para aquellos que han acumulado experiencia y no tienen miedo de irse de casa, la expatriación es una solución interesante. No solo generalmente se recibe un salario mucho más alto que en su país de origen, sino que también resulta que su empresa paga sus impuestos, lo aloja, financia la educación de sus hijos, cuida completamente su cobertura de salud, cubre una serie de gastos. En última instancia, puede encontrarse en una situación en la que su salario se convierta en puro ahorro. Y, como cereza en el pastel, se beneficia de la exención de impuestos en su país de origen. Por supuesto, es posible ser un expatriado en grandes ciudades cómodas, ofreciendo un ambiente de vida y trabajo muy agradable. Sin embargo, la expatriación a menudo se refiere a destinos menos atractivos, a veces en países que atraen a pocos extranjeros. De ahí las condiciones generalmente excelentes para estimular a los candidatos a dar el paso. La expatriación es también una oportunidad para progresar, como este chef de cocina de uno de los hoteles más prestigiosos de Pekín que conocí y que, en su país de origen, aunque trabajaba en un palacio de renombre y a pesar de haber adquirido su experiencia en establecimientos de renombre de todo el mundo, solo podía ser segundo en la cocina.

Ir al extranjero a países que necesitan especialistas con sus habilidades es una gran oportunidad. No solo podrá realizarse, ocupar puestos que nunca habría considerado en su país, sino también beneficiarse de un salario y condiciones de vida cómodos. La experiencia puede ser difícil al principio por vivir en un entorno nuevo, con un idioma y una cultura diferente, diferentes formas de trabajar... pero después de algún tiempo se habrá adaptado. Es posible que ni siquiera desee regresar, como es el caso de muchos expatriados, independientemente de su país de origen.

Si tiene experiencia en su campo, la sensación de no poder progresar, sentir aburrimiento en su trabajo, puede considerar seriamente la posibilidad de ir a trabajar al extranjero. ¿Está soltero? Será más fácil. Casado, con un cónyuge que ocupa una buena posición donde vive, o con lazos familiares muy fuertes, la situación será más complicada. Su cónyuge, a menos que también encuentre una oportunidad en este lugar, puede deprimirse donde usted prosperará.

Ir al extranjero es una elección que hice y nunca me he arrepentido. Pude impulsar mi carrera, mi remuneración, adquirir independencia financiera, construir cosas que no habría podido construir en mi país de origen por falta de oportunidades y especialmente pude vivir varias vidas en una. Su carrera ya no es una experiencia profesional, sino una aventura profesional, una aventura de vida.

No importa si usted es ingeniero, financiero, técnico calificado, abogado o artesano para probar la aventura en el extranjero. Lo que importa es que tenga un know-how que falta en otros lugares y que estés listo para vivir una aventura excepcional.

3.6. Ser respetuoso

Es agradable sentirse reconocido y respetado, ¿no? Todos necesitamos sentir que existimos, al menos yo lo creo.

Sin embargo, todos los días veo a personas incapaces de agradecer a la persona que sostiene la puerta por ellos, decir por favor o responder con un saludo. Cuando alguien me deja caer una puerta en la cara, no me dice por favor o ignora mis buenos días, me afecta o incluso crea en mí un sentimiento de hostilidad hacia esa persona.

Responda a los saludos, con una sonrisa extra y ayudará a establecer una atmósfera positiva a su alrededor. Añada un «¿Cómo está hoy?» O «¿Cómo está su hijo, su hija?» Y ayudará a establecer una atmósfera benevolente a su alrededor.

Creará una empatía que reducirá el número de individuos hostiles o potencialmente hostiles a su alrededor mientras capitaliza su imagen. Con suerte, incluso puede convertirse en un ejemplo para algunas personas, no necesariamente desagradables, pero a veces solo un poco tímidas, que, con la ayuda de unas pocas palabras, algunas sonrisas, pueden romper el hielo a su alrededor.

Por último, si la empatía no es lo suyo y usted es un cínico empedernido, recuerde una cosa: el pequeño que hoy desprecia, bien puede ser el único que se acerque a usted el día que lo necesite.

3.7. Sea preciso, conciso y confiable: En una palabra, sea profesional

Uno de mis mayores problemas en el pasado es que presenté lo que me interesaba y no lo que interesaba a mi interlocutor. Tenía (la horrible) tendencia a querer demostrar que mi trabajo estaba bien hecho, que sabía hacer, hasta el más mínimo detalle y esto con orgullo. En realidad, mi interlocutor estaba abrumado con palabras que no le interesaban. Peor aún, que la hacían perder el tiempo, no llegué a sus preocupaciones y finalmente esto me desacreditó haciéndome parecer al profesor Nimbus.

Usted debe tener un enfoque proveedor-cliente, incluso internamente. Usted es el proveedor. Los clientes de su empresa son clientes. Las personas para las que trabaja en la empresa también son clientes (internos): tienes que aportarles lo que esperan de usted, nada más.

Primero, identifique objetivamente quién es su cliente. La mayoría de las veces, su cliente interno es su jefe, o incluso el jefe de su jefe. ¿Quién es él? ¿Qué busca (un bono, un ascenso, gloria ...)? ¿Cuáles son las dificultades a las que se enfrenta? ¿Qué resultados necesita?

A partir de ahí, podrá orientar su discurso siguiendo los pasos clave:

- Formular claramente el problema o el reto al que se enfrenta la empresa, e indirectamente al que se enfrenta su jefe y su jerarquía.
- Simplemente explique su solución mostrando, con cifras de apoyo, lo que aportará a la empresa e indirectamente, implícitamente, a su jefe y su jerarquía.
- Cuantifique el costo y el tiempo de su solución, con márgenes de precaución (sea siempre conservador en márgenes y plazos).
- Enumere los riesgos asociados y las soluciones para prevenirlos.
- Ponga todo lo demás en anexo o téngalo a mano para responder a las preguntas (fuentes, datos, metodología...)

Consiga hacer su presentación en diez minutos. Más allá de esta cantidad de tiempo, perderá la atención de sus interlocutores y se arriesgará a ser interrumpido constantemente por preguntas tan numerosas como variadas que eventualmente le harán perder el hilo de su discurso. Diez minutos de presentación sencilla, clara, sin entrar en detalles. El tiempo restante será para preguntas, detalles, metodología, riesgos, etc.

No presente una solución, véndala. Véndase a usted mismo. Véndase constantemente. Su supervivencia en la empresa es una renovación tácita de su contrato de trabajo. El contrato puede ser rescindido en cualquier momento. Si el contrato dura, es porque la empresa (a través de su jerarquía) tiene los medios y el interés de mantenerlo. Detrás de su contrato de trabajo, son una multitud de contratos tácitos que usted hace con su jerarquía, los que harán que su contrato no se rompa. Muchos empleados piensan que solo venden durante la entrevista de trabajo. Esta es una ilusión muy peligrosa. Usted se está vendiendo constantemente. Implícitamente renueva su contrato de trabajo (y lo mejora) asiduamente.

Tiene tres minutos, no más que eso para los pasos 1. y 2. A menudo, la decisión se tomará incluso antes de llegar al paso 3.

Le hacen una pregunta, sea claro. Siempre que pueda, diga «sí» o «no» y explique rápidamente por qué. Evite responder «Sí y no», «tal vez sí, tal vez no...» «, «Depende» ... Si persisten las dudas, aclare si es «sí» o «no». ¿Tiene duda o no sabe? No invente y explique que no tiene todos los elementos para responder ahora y que debe reunirlos antes de decidirse. Si después de su investigación, todavía no puede responder claramente con «sí» o «no», haga dos columnas con los elementos a favor y los que están en contra. Sobre esta base, estime una probabilidad, muy personal (y lo dirá abiertamente), de que sea «sí».

¿Se le pide un informe? Incluya siempre un resumen en la primera página que repita los pasos 1. a 3., muy factual y simple. Probablemente será el único que lea todo el informe que escriba. Aquellos que lo reciban leerán este resumen y tal vez echen un vistazo a algunos párrafos específicos.

Escribir un informe debe seguir reglas simples. El sumario debe recapitular el contenido. El resumen debe abreviar el tema y convencer de la solución propuesta. El título de cada sección debe resumir el contenido. Cada párrafo es una idea. La primera oración de cada párrafo resume el párrafo. Al leer solo la primera oración de cada párrafo, su lector deberá comprender el contenido del párrafo. Si el lector quiere saber más, leerá las siguientes frases. En anexo, indique sus fuentes, su método, sus hipótesis, etc. El lector debe entender su informe leyendo solo el sumario o el resumen. Pero, ¿Cómo saber si estará convencido? Pruébelo por usted mismo. Imagínese por un momento en el lugar de su jefe, con sus ambiciones y preocupaciones. En seguida lea el sumario: ¿Se ha convencido a sí mismo? Seguidamente el turno del resumen. ¿Se ha convencido a sí mismo? Si no es el caso, su jefe probablemente tampoco estará convencido. Trabájelo de nuevo.

No hable de conceptos, sino de cifras precisas y documentadas, soluciones y acciones pragmáticas. ¿Tiene una idea para limitar la caída de las ventas? Capte la atención de su gran jefe en el ascensor: «Buenos días señor. He visto la evolución de las ventas. Esta caída del 16% en tres meses me preocupa. Estudié con varios especialistas internamente una solución que podría limitarla al 12%: ¿Está interesado?». El tiempo que falta en el ascensor, es casi seguro que le ofrecerá hacer una cita con su asistente. A partir de ahí, depende de usted.

Cada número, cada problema, cada solución será discutida en los pasos 1. a 4. Es necesario documentar cuidadosamente: ¿De dónde provienen estos números? ¿Cómo se calculan? ¿Qué suposiciones hizo? ¿Cuál es su razonamiento? ¿Qué podría hacer que su plan fracase? ¿Cómo? Nada de esto aparecerá en su discurso o en su presentación de los pasos 1. a 4., pero ya sea en un anexo o a disposición de cualquier persona que desee estudiar los detalles. Al igual que el comprador de un automóvil que estará interesado en el diseño, la comodidad, la calidad y la seguridad en lugar del funcionamiento del motor de combustión interna, su comprador, en otras palabras, su cliente interno, solo estará interesado en los elementos que le importan. Si le pregunta cómo funciona, entonces, solo en este caso, abra el capó.

Un trabajo sólido, bien hecho, documentado, transparente, presentado de manera simple, con resultados tangibles y medibles es un trabajo profesional.

Tomemos el ejemplo de una cadena de entrega de pizzas donde el 27% de los clientes se quejan de que las pizzas llegan tibias. Este 27% de los clientes representa el 22% de las ventas. Usted ha hablado con los repartidores que le confirman que haberse hecho cargo inmediatamente de la pizza a la salida de la cocina, cuando está caliente. La cocina confirma. Desafortunadamente, los repartidores pierden mucho tiempo debido al tráfico por la noche. Ha probado personalmente un nuevo GPS que optimiza significativamente el tiempo de viaje: todos los días, ahorra diez minutos en promedio. Costaría menos del 1% de la facturación equipar a todos los repartidores con este nuevo GPS para asegurar el 22% de la facturación amenazada con la desaparición. Los clientes definitivamente irán a otro lugar en un futuro cercano. Además, estos clientes asegurados pueden comprar más pizzas o incluso recomendar la pizzería a sus seres queridos... 1% invertido para asegurar el 22% y probablemente ganar nuevos clientes... los números hablan por sí solos. La solución es simple, claramente rentable, fácil y rápida de implementar. ¡Vendido! Y no olvide pedir un bono o una promoción una vez que se logren los resultados.

Muchos técnicos, muy competentes, graduados de establecimientos a veces entre los más prestigiosos, descuidan la comunicación o no saben venderse. Pierden así muchas oportunidades, muchas veces ganadas por perfiles menos especializados, pero que saben venderse. Tanto si usted es ingeniero, abogado, técnico, economista, financiero... sea bueno técnicamente, pero también sepa venderse. Estudie técnicas de venta. Aprenderá a vender sus ideas, sus proyectos convenciendo de forma sencilla y efectiva a sus interlocutores.

También le ayudará si algún día tiene que venderse en el mercado laboral. Deberá comprender lo que su nuevo empleador potencial espera (paso 1.), demostrar que usted es la solución con un balance cuantificado (paso 2.), discutir el momento, los medios a su disposición y la remuneración (paso 3.).

Para resumir, sea técnicamente competente, sea cual sea su trabajo y su posición jerárquica, sea conciso y eficaz en su comunicación, objetiva, orientada hacia los resultados esperados por sus clientes. Sin olvidar una cosa: usted es un eterno vendedor de sus propios servicios.

3.8. Sé disciplinado y... perezoso

¿Cuáles son sus cualidades? Soy perezoso.

De hecho, eso es lo que soy. Siempre trato de minimizar el tiempo que paso completando una tarea o misión. Es todo el tiempo ahorrado que puedo dedicar a otros proyectos, incluyendo mi vida personal, mi familia, mis pasatiempos, aprender, descansar.

También trato en mi trabajo de ser perezoso para los demás. Si al llevar a cabo mi misión, encuentro una oportunidad de ahorrar tiempo para los demás, lo hago. Y, por supuesto, lo hago saber.

Un caso reciente fue la renovación de contratos de seguros en el grupo donde yo trabajaba. Esta tarea requirió al menos varios días o incluso semanas de trabajo para cada una de nuestras filiales que también tuvieron que gestionar muchos otros archivos. Dado el número de filiales, y el costo promedio por hora de un empleado, esta tarea (particularmente aburrida pero necesaria) era costosa, muy costosa, para la empresa. Al simplificar la organización, al usar formatos únicos para recopilar información, al colectar gran parte de los datos de informes ya existentes, hemos reducido la carga de trabajo por filial a un promedio de medio día por año. El tiempo ahorrado fue considerable para las filiales que estaban felices de ya no dedicar tanto tiempo cada año a esta tarea bastante ingrata. En cuanto a los ahorros realizados, la dirección los valoró de manera muy especial, sobre todo porque son recurrentes, año tras año...

Conozco a muchas personas brillantes que siguen una disciplina de vida muy estricta. He notado cómo ser disciplinado de esta manera ayuda a que estas personas tengan mucho éxito. Una dieta sana y equilibrada, madrugar todas las mañanas y hacer deporte diario antes de ir a la oficina, una gestión óptima de la agenda, una franja horaria reservada para la lectura, una acostarse temprano y a una hora fija... Este tipo de disciplina ayuda a estar en la cima.

Desafortunadamente, nunca he podido mantener este estilo de vida a lo largo del tiempo e, incluso si obtengo buen desempeño, sé que mi falta de disciplina me está frenando para llegar a la cima. Si cuido la calidad de mi sueño, una dieta bastante equilibrada, una de muchas lecturas, etc., sin embargo, amo el deporte tanto como Winston Churchill y tiendo, especialmente en invierno, a pasar el rato en el fondo de mi cama por la mañana. Tampoco mi agenda se mantiene de la manera más rigurosa y óptima posible. Esta es una elección personal, y aunque puedo hacer más a través de una disciplina más personal, amo mi estilo de vida tal como es. Cada uno encontrará su equilibrio entre el rendimiento y las opciones de vida.

Por otro lado, donde tengo una disciplina muy estricta, es en la ética y los resultados (cuantificados por supuesto). En estos puntos, la pereza no tiene lugar alguno. Por un lado, es su reputación lo que está en juego. Si tarda años en construirse, unas pocas horas pueden ser suficientes para destruirla. Así mismo, incluso si algunos tienen éxito financiero sin ética, no sé si sea agradable tener éxito mientras pueda mirarse en el espejo todas las mañanas sin arrepentimiento y con total serenidad.

La pereza me ayuda a ser eficiente, a no perder el tiempo y a ganar algo. La pereza ayuda a la creatividad, a encontrar soluciones para hacer más, mejor, más rápido. Estas soluciones ayudan a ganar dinero para la empresa y, por lo tanto, también contribuyen a mi éxito. Esta pereza me ha ayudado a ordenar las tareas y centrarme solo en aquellas que son obligatorias y aquellas que pueden ayudarme a tener éxito. Esta pereza me ha ayudado a ordenar a las personas con las que paso tiempo, a abandonar lo inútil y tóxico en favor de las personas que realmente importan y las que me aportan algo.

Por muy loco que suene, la pereza es una fuerza que me motiva y me ayuda a tener éxito. Me recuerda a mis clases de ahorro en la universidad: La eficiencia se trata de obtener tanto como sea posible con el menor esfuerzo posible. Es una pereza que describiré como positiva, a diferencia de la pereza negativa que le impide actuar, esta pereza negativa que le empuja a permanecer inactivo en una burbuja cómoda esperando que no estalle ...

3.9. Saber dar para recibir

Un verdadero profesional hace negocios. Sabe invertir, es decir, sabe dar para recibir más. Él sabe que nada es gratis. Sabe que nunca llegará solo, sino con la ayuda y la habilidad de los demás.

La empresa no es una gran familia contrariamente al discurso de algunos. El que no da nada suele no recibir nada a cambio excepto el privilegio de ser catalogado como tacaño, mezquino, de bajos ingresos, un verdadero avaro... Este tipo de personas no exuda felicidad como regla, y su estrechez de espíritu a menudo los condena, en el mejor de los casos, a roles de pequeños jefes.

Si quiere tener éxito, tiene que saber cómo invertir y en particular invertir en las personas.

¿Desea proteger una patente de manera efectiva? Contrate los servicios de abogados especializados. ¿Quiere expandirse en un nuevo país? Reclute un equipo local, use una firma de contabilidad local. ¿Quieres revisar su estrategia fiscal? Llame a especialistas reconocidos. A veces será caro. Sin embargo, ahorrar en especialistas puede costarle mucho más o incluso ponerlo en una situación muy peligrosa. Mi abuela no dejaba de decir que lo barato siempre acaba costando más caro que lo que ya es caro. Cuando tenía siete años, no entendía muy bien lo que quería decir. Hoy, eso está claro.

También invierta parte de su tiempo para conocer a las personas con las que necesita fortalecer su colaboración o que probablemente lo ayuden de alguna manera. Un almuerzo o una bebida después del trabajo pueden ayudar. Estos momentos ayudan a apreciarse mutuamente, a abordar temas profesionales y personales. Verá más claramente las ideas, opiniones, competencia y personalidad de su interlocutor. Algunas personas le decepcionarán. Algunos permanecerán neutrales hacia usted. Otros se convertirán en allegados, le ayudarán (muchas veces de buen corazón) en los proyectos que emprenda: El grupo de personas cercanas que podrá constituir será una ventaja de primera elección para su éxito.

Evite a los consultores de gestión, excepto en los casos en que no tenga otra opción. Su interés en hacer que una misión dure el mayor tiempo posible y cobrarle un máximo de costos puede pesar en su presupuesto y su reputación. Asimismo, además de su costo, le ayudarán a mantenerse en su zona de confort, manteniéndole estático. La zona de confort es cómoda a corto o medio plazo, pero se vuelve particularmente peligrosa a largo plazo. Hay que aprender, adquirir nuevas habilidades constantemente para mantenerse a la vanguardia. Sin embargo, a menudo es el consultor quien aprende y no usted. ¿El consultor consume su presupuesto, aprende, se vuelve más competente con cada misión y usted? Usted será más y más costoso para su negocio, aprende poco y se estanca en habilidades.

Si usted utiliza los servicios de un consultor, úselo como entrenador para que le enseñe cómo hacer el trabajo. ¿Cómo lo hace? ¿Cuáles son sus fuentes, su método, sus trucos...? Aprenda de él y luego haga por segunda vez por sí mismo lo que ha aprendido. Ya no necesita al consultor para tareas simples que ahora puede administrar usted mismo. Use al consultor para una misión más compleja y haga lo mismo. Dará un doble golpe de esta manera: multiplicará sus habilidades y contribuirá a un ahorro sustancial para su empresa. Nada más que cosas buenas para su supervivencia y progreso.

3.10. Sea un facilitador de negocios

Cuántas veces he escuchado en las reuniones: «no es posible», «es demasiado complicado», «nunca lo hemos hecho», «no tenemos los recursos», «es arriesgado» ... ¿Y cuántas veces estas frases han llevado a la pérdida de oportunidades? Ya no las cuento.

Una regla fundamental en una empresa: no bloquear ni entorpecer el negocio. Debe hacer que el negocio sea lo más fácil posible, al igual que debe cuidar su seguridad y ética.

Cuando el gerente de otro departamento acuda a usted por un proyecto o problema en el que su intervención puede ayudarle, nunca lo rechace. Escúchelo primero. Si el tema no es su responsabilidad en absoluto o si no hay absolutamente nada que pueda hacer, explique claramente las razones y trate de dirigir a su interlocutor a la persona adecuada. Si el tema le preocupa, estúdielo. No dude en pedir tiempo para estudiar el tema, multiplicar opiniones, recopilar los datos necesarios para formar su propia opinión.

El tema es un problema: Usted no debe asociarse con el problema, sino con la solución. Analice el problema, busque la solución más simple posible para todos, obtenga el consenso para implementarlo e impleméntelo. En el caso de un problema complejo, asegúrese de ser visiblemente parte del grupo de trabajo responsable de resolverlo.

El tema es una oportunidad para desarrollar el negocio o mejorarlo. Huele a una oportunidad para aprovechar, pero sea prudente. Analice la situación. ¿Quién se lo pide? ¿Cuál es su reputación? ¿Cuáles son sus logros? ¿Qué tipo de personas son? Entonces, ¿La idea viene de esta persona o de más arriba? ¿De quién? Entonces, ¿Qué está en juego? ¿Cuál es la ganancia financiera y el prestigio en juego? ¿Qué esfuerzos se requieren? El riesgo es que usted haga el trabajo y el solicitante se tome los laureles por su cuenta. Si la oportunidad parece buena, asóciese con esa persona, pero manténgase visible y asegúrese de que se presente correctamente su contribución en reuniones, informes, presentaciones. Ganará puntos, pero también notoriedad y nuevos aliados. Fortalecerá su grupo de aliados en la empresa, su posición y su reputación. En resumen, lo que se necesita para sobrevivir y tener éxito.

Volvamos a las reuniones donde se pierden oportunidades ante pequeñas frases asesinas. Si los líderes están presentes, puede ganar puntos y destacarse entre la multitud. En general, después de las pequeñas sentencias que asesinan oportunidades, todos guardan silencio y se pasa al siguiente tema. Si una oportunidad parece interesante, realista y realizable, ahora es el momento de jugar. Después de la pequeña sentencia de asesinato, en el breve momento de silencio que sigue, puede contradecir la sentencia asesina, o al menos retrasarla. Primero obtenga una o dos cifras clave: ¿Cuánta ganancia o ahorro puede haber, como mínimo y como máximo? ¿Los competidores están estudiando o desarrollando esta oportunidad? Si vale la pena, ofrézcase a echarle un vistazo, a estudiar el tema con más detalle, por supuesto con la aprobación de las personas que toman las decisiones. Si de hecho no hay nada que hacer, le habrá costado solo un poco de su tiempo. Si, por el contrario, se puede hacer algo, que a menudo es el caso, puede ganar un máximo de puntos para su carrera. Finalmente, su lado ir hacia adelante sin duda será notado por las personas que toman decisiones que, un día cuando necesiten a alguien, pueden recordarlo...

Como regla general, no bloquee una decisión desde el principio. Tómese el tiempo para entenderla. Si siente riesgos o bloqueos, especifique que el tema es complejo y que lo investigará. Depende de usted encontrar las soluciones. Si no hay solución posible, explique por qué en detalle, pero demuestre que ha hecho todo lo posible: Nadie lo culpará.

Aquellos que bloquean el negocio corren el riesgo de pagarlo caro. La empresa debe progresar para sobrevivir y crecer, es lo que los líderes se esfuerzan por hacer y por lo que necesitan personas confiables a su lado: si los obstaculiza, ellos tendrán que deshacerse de usted. Entonces, si trae más problemas que soluciones, creará una mala reputación que puede impactarle el día en que será necesario reorganizar la empresa. Por último, todos aquellos a los que usted bloqueó en sus proyectos, puso obstáculos en las ruedas, complicó su tarea, probablemente no le olvidarán: Cuando llegue el día, corre el riesgo de tener, sin que usted se dé cuenta, un consenso que lo aislará o incluso lo hará irse de la empresa.

3.11. Inspirar a otros

Tener éxito en los negocios a menudo requiere asumir un papel de liderazgo, a una escala más o menos grande dependiendo de la posición de cada uno.

No vamos a hacer un manual de liderazgo, sino que simplemente repasaremos algunos elementos clave que me ayudaron a tener éxito en el establecimiento de un liderazgo donde, unos años antes, nadie me habría seguido.

El primer elemento es la confianza que usted inspira. Si usted es alguien cuya palabra es creíble, cuya integridad es reconocida, inspirará confianza a nivel humano. Si usted es alguien a quien escuchamos, cuya experiencia es reconocida, cuyas empresas son generalmente exitosas, inspirará confianza a nivel técnico y profesional.

La segunda es la ganancia que otros esperarán de usted. ¿Por qué seguirle, hacer esfuerzos si no es para cosechar al menos algunos frutos al final? Cualquier esfuerzo debe ser recompensado y tendrá que cuidarlo personalmente. No se trata de simple codicia, sino, una vez más, de negocios: Dar para recibir. Entre los frutos, la utilidad del proyecto: ¿Para qué se utilizará? ¿Cuánto aportará esto a la empresa? ¿Qué problemas se resolverán? La acción debe tener sentido y debe convencer sobre el propósito del esfuerzo realizado. Entonces, el reconocimiento, incluso la gloria está entre las recompensas que cada uno de nosotros aprecia. Por último, la recompensa monetaria o promocional, esta es la que ayuda a progresar y poner más mantequilla en las espinacas.

Cuando empiezo un proyecto, generalmente necesito personas con diversas habilidades que me ayuden. O los conozco y voy a verlos directamente, o paso por el jefe o director de su departamento. Necesito cada vez tener un proyecto que motive, que aporte valor e idealmente, esté alineado con una o más de las preocupaciones del comité directivo.

No tengo el poder de promoverlos o aumentar sus salarios al final del año, incluso si el proyecto tiene éxito. Por otro lado, tengo tiempo para ofrecerles: Mi tiempo. Utilizo este tiempo de diferentes maneras. Puedo ir a visitar a un dirigente para felicitarlo por el trabajo realizado por un departamento en particular que supervisa, especialmente el Sr. X y la Sra. Y que han ayudado a resolver este problema crítico y ahorrar Z dólares al año. El Sr. X y la Sra. Y son ejemplares, merecen su atención y su departamento tiene suerte de contar con tales colaboradores. Puedo usar mi tiempo para hacer un correo electrónico de agradecimiento muy personalizado a alguien que me ayudó, especificando su contribución numérica, su grado de participación, el orgullo que tuve de trabajar en este proyecto junto a él... y con copia a toda su jerarquía a los miembros pertinentes del comité directivo. Este tiempo, también puedo usarlo para ir a ver al director de Recursos Humanos e informar sobre los potenciales de estas personas. En definitiva, logro hacer llevar a cabo proyectos que sean beneficiosos para la empresa, para mí y para quienes me ayudan intercambiando esfuerzos por mi tiempo. Recuerde que el tiempo es dinero. Esta técnica siempre me ha servido bien y la mayoría de los que me han ayudado han obtenido más bonos, más promociones, han resistido mejor que la media las reestructuraciones laborales.

El último elemento es el miedo. También se le puede llamar palo y en este caso cambiar el nombre del segundo elemento a zanahoria en lugar de ganancia. Algunos gritarán al cinismo y yo responderé «¡Pero para nada!». Todos sabemos que la compañía es un lugar difícil, una jungla moderna donde todos buscan sobrevivir y subsistir. Está compitiendo con otros, competentes o no, humanamente buenos o fundamentalmente malos. No importa, está compitiendo.

Si alguien competente y humanamente bien puede ayudarte en un proyecto, debe tener a esa persona a su lado. A veces las personas pueden no estar interesadas en ganar, pueden tener cansancio, pueden no tener interés en su brillante proyecto, pueden haber tirado la toalla, pueden no gustarles o tener suposiciones negativas sobre usted... En este caso, el miedo puede ayudarle a desbloquear la situación a su favor. Si esta persona está compitiendo con un malo incompetente (o un malo competente o cualquier otra persona), hágales saber que le está ofreciendo la oportunidad de ganar puntos. Usted le ofrece la oportunidad de mantenerse a la vanguardia o de ponerse al día y recuperar la motivación perdida hace años. Si a la empresa le va mal y los planes sociales le amenazan, esa persona puede convertirse en un blanco fácil y estático. Muchos se resignan y dan la espalda mientras esperan la llamada telefónica o la carta de Recursos Humanos. Recordarle a esta persona el contexto actual, su actitud que lo coloca como objetivo, su familia... y embárquela en su proyecto. Así esta persona saldrá del campo de tiro, tendrá la oportunidad de durar más tiempo y, quién sabe, tal vez sea contagiada a su vez por el virus del éxito. Al final del proyecto, no olvide dar la ganancia orgullosamente ganada. Si un plan social está en marcha, no dude en indicar a los iniciadores del plan que usted está trabajando en un proyecto de alto valor añadido con un grupo de personas, a las que nombrará, y que por ende necesitará absolutamente.

Confianza, ganancia y miedo: Este es mi trío ganador para inspirar a los que me rodean.

¿Cómo encontré a este trío ganador? Simplemente porque a fuerza de no tener confianza en mí mismo, de no ganar y de tener miedo, mantuve el trío opuesto. No me di cuenta de que era muy útil, me mantuve como un costo para mis empleadores y rara vez logré inspirar a otros a seguirme. Aunque mi ego trató de ocultar esto bajo el pretexto de la incomprensión y la injusticia, tenían razón al no seguirme.

Y cuando una receta no funciona, hay que cambiarla.

3.12. Sea usted mismo, pero no por mucho tiempo

A menudo escuchamos que hay que saber cómo ser uno mismo. Todo depende de quién es usted, de lo que quiere ser.

Ahora tengo cuarenta y dos años y estoy feliz de no haberme quedado como era a los veinte o treinta años. A los veinte años, era un idiota. ¿Quiero seguir siendo estúpido? No. A los treinta años, estaba en bancarrota. ¿Quiero quedarme en bancarrota? No. Cada año aprendo cosas nuevas, no solo profesionalmente, sino también personalmente y sobre la vida en general. Cada año siento que estoy progresando, aunque lentamente, en un camino interminable. Cada año, aprecio esta progresión. Por lo tanto, no me arrepiento de lo que era hace un año y estoy feliz de no haberme quedado como era hace un año.

Profesionalmente, es peligroso permanecer uno mismo, porque conduce al estancamiento y, por lo tanto, a ponerse en peligro. Siempre hay que aprender, progresar, mantenerse a la vanguardia. Usted mismo no puede permanecer en una empresa a menos que deliberadamente quiera y asumir los riesgos.

A nivel personal, la vida nos hace evolucionar. Las personas que conocemos, las personas que perdemos, las personas que amamos y las que odiamos, las que nos abren los ojos a cosas nuevas, las que tienden a hacernos retroceder, las que nos animan, las que nos decepcionan... Nos hacen evolucionar. Cada uno trae su propia experiencia. Cada uno se construye de manera diferente, cuestiona o no sus convicciones, establece y evoluciona su sistema de valores.

Cuando este sistema de valores es sólido, cuando usted se siente bien con sus valores, es decir, no intimidado, ni frustrado, ni infeliz, ni triste sino satisfecho, feliz con sí mismo, entonces este sistema de valores es bueno. Si le conviene, apéguese a él. De lo contrario, deshágalo o ajústelo.

Sin embargo, su sistema de valores no es usted. Es solo una parte suya. Puede dejar su sistema de valores como está si le conviene y si le hace feliz, pero necesita seguir aprendiendo y progresando. Es importante no confundir un sistema de valores, con mentalidad, experiencias y habilidades. Incluso si todo está vinculado, cada elemento sigue siendo específico. Un sistema de valores sólido, con el que se siente en armonía, puede volverse estático, porque no necesita evolucionar. Nada le impide evolucionar mientras conserve un sistema de valores que se adapte a usted. No es de ninguna manera incompatible, al contrario.

Los humanos somos animales sociales y estamos influenciados por nuestro entorno. A menudo tendemos a convertirnos en una especie de promedio de personas que nos rodean a diario. Alguien que evoluciona en un entorno que mantiene el espíritu empresarial, la cultura, la filosofía, los intercambios constructivos será empujado a no quedarse como está y a progresar en torno a un sistema de valores sólido. Alguien que no tiene tanta suerte, rodeado de personas sin conocimiento del funcionamiento de una empresa, del sistema económico, sin espíritu emprendedor... tendrá más dificultades. Frecuentemente tendrá que reconsiderar una buena parte de su sistema de valores a medida que avanza, aprender a atreverse, a cuestionar una forma de vida. Esto será aún más difícil, ya que esta persona ciertamente tendrá que enfrentarse a muchas otras personas que lo ralentizarán o intentarán ralentizarlo con banalidades. «Tomas demasiados riesgos», «Nunca funcionará», «Tienes que mantener un perfil bajo», «Aprende a conformarte con lo que tienes», «No es para personas como nosotros» ... Alguien en esta situación, para sobrevivir y tener éxito, no podrá permanecer siendo el mismo sin correr el riesgo de auto condenarse. No solo tendrá que aprender, como todos, sino también cambiar un sistema de valores construido profundamente desde una edad temprana.

Para algunos, ser uno mismo es hacer lo que se quiere, decir lo que se quiere, tener derechos. Personalmente, nunca he visto a mí alrededor a una sola persona de este tipo tener éxito. Muchos sobreviven, pero en armarios o en el fondo de una oficina oscura. Una empresa es un grupo de personas que, a pesar de sus diferencias, deben trabajar juntas para obtener ganancias. Para que funcione, necesita una organización, reglas, una estrategia, que es incompatible con la capacidad de hacer lo que se quiere, a menos que lo que quiera sea ser parte de una organización, con reglas y una estrategia.

Del mismo modo, la libertad de expresión es fundamental y todos deben poder expresar sus ideas, sugerencias y temores. En la empresa, esto debe ser constructivo. Criticar gratis es perjudicial. Criticar es fácil. Denigrar es fácil. Hacerlo es difícil. Construir es difícil. El progreso es difícil. La crítica es buena si demuestra que una idea, por ejemplo, es peligrosa y si esa misma crítica va acompañada de una solución pragmática y factible. Los comentarios no deben ser ofensivos, sino basados en hechos, respetar la ética, el respeto a su colega.

Y entonces, si todos tienen derechos, todos también tienen deberes. En la empresa, su primer deber es contribuir a su éxito.

Finalmente, si durante los últimos años no ha aprendido nada, no ha progresado a nivel humano o personal, se ha mantenido en la misma posición sin cambiar nada, ¡Tenga cuidado! Es posible que se haya quedado demasiado tiempo. Recuerde que el estancamiento a medio o largo plazo se convierte en un riesgo para su supervivencia y casi elimina todas sus posibilidades de éxito.

3.13.
Ser un buen producto de marketing

¿Sabes qué es el «marketing mix»? Es un enfoque de marketing que recoge los elementos fundamentales de un producto: el producto en sí (o el servicio), su precio, su comunicación, su modo de distribución.

Le guste o no, usted es un servicio en el mercado laboral. Este servicio está compuesto por sus habilidades, su experiencia, su personalidad. Su salario es su precio. Si su precio es más alto de lo que realmente aporta (en facturación o ahorro), usted es un costo. Si su precio es significativamente más bajo de lo que cuesta, usted es una inversión rentable. Si su precio es mucho más bajo de lo que cuesta, usted es una gran inversión y este puede ser el momento de aumentar un poco su valor mientras mantiene la excelente inversión.

Su red de distribución es la forma en que se vende a usted mismo. ¿Responde a los anuncios para encontrar un trabajo o vienen espontáneamente a usted para ofrecerte oportunidades? Mientras era un costo, estaba buscando trabajo respondiendo a los anuncios y tenía que enviar una cantidad increíble de solicitudes antes de encontrar un puesto. Una vez que me he vuelto rentable, y conocido por mis resultados en el mercado, ya no tengo que enviar ninguna solicitud: Me contactan directamente, por lo general por medio de un conocido en común, para ofrecerme una oportunidad de trabajo. Solía luchar para que una empresa me dijera «sí». Ahora digo «no gracias» casi siempre. Aún mejor, en tiempos de crisis las oportunidades de trabajo tienden a ser más escasas. Ahora, en lo que a mí respecta, están subiendo. Lo que en última instancia tiene sentido. Cuando los tiempos son buenos y el dinero fluye, se pueden pagar los costos. Cuando los tiempos se ponen difíciles y a medida que el dinero escasea, se deben reducir los costos y encontrar nuevas fuentes de ingresos o ahorros.

La comunicación es fundamental y rápidamente entendí esto, incluso si mi comunicación personal ha sido mala durante mucho tiempo, incluso contraproducente.

Tomaré un ejemplo sencillo y espero que, como a mí, le guste el chocolate.

Imagínese por un momento en una tienda con dos paquetes de pasteles de chocolate. Uno es ordinario, un poco triste solo mencionando «Pastel de chocolate», vendido por tres dólares. El otro es soberbio, con una foto que muestra un corazón de chocolate derretido, con la mención «Delicioso pastel con un increíble sabor a chocolate», vendido por cinco dólares. Muchos tomarán el segundo, más atractivo. Sin embargo, el segundo no es un pastel de chocolate: solo tiene el sabor, por increíble que sea. Peor aún, finalmente es menos sabroso que el primero y cuesta dos dólares más. La moralidad de la historia es simple: tendemos a confiar más en las apariencias que en la razón. Pero es demasiado tarde, el hermoso paquete que contenía un producto mediocre se ha vendido. El otro paquete, que contenía un buen pastel, permaneció sin vender en el estante. Si hay tantos malos empleados en las empresas, es en parte porque muchos de los reclutadores son engañados por candidatos, no necesariamente competentes, pero que dominan el arte de la comunicación y la presentación. Hace veinte años, sufrí de esto. Las oportunidades pasaban por debajo de mis narices cada vez y veía a personas menos competentes hacerlo mejor.

Ahora imagine que usted ha oído hablar de un delicioso pastel en una tienda de este tipo ubicada en el número 46 de una calle cualquiera. Tendrá la tentación de hacer un recorrido para degustar este famoso tesoro de pastelería, sea cual sea su embalaje. No importa el embalaje: La reputación está hecha. El boca a boca funciona y es la mejor publicidad posible. Basta con tener éxito en su posición con resultados tangibles y medibles, para darlo a conocer internamente y también externamente para iniciar el boca a boca. Desarrollaremos más adelante en este libro el aspecto de la comunicación. Solo sepa que el boca a boca lleva tiempo y que una reputación tarda muchos años en construirse. También debe saber que unos momentos pueden arruinarlo y que tendrá que mantenerlo con el máximo cuidado.

Nunca me ha gustado la idea de ser un producto en un mercado, como un yogur, una aspiradora o una bandeja de carne. Mi ego no lo aceptó y no lo asimiló durante muchos años. Desafortunadamente para mí la realidad estaba ahí y, ignorándola, no obtuve ningún resultado. Tuve que aceptarlo. Fue una gran lección de humildad que me ayudó a ver la vida y quién era yo de una manera diferente, es decir, con los ojos abiertos a la realidad de un mundo aún más cínico de lo que me atrevía a imaginar. La relectura de Marco Aurelio me ayudó mucho a pasar este capítulo. Los escritos de este gran hombre son perfectos para traer de vuelta los egos que vuelan sobre la tierra y la mente a la razón.

Tan pronto como sea empleado, consultor, profesión liberal... es decir, depender de alguien que financie su estilo de vida y existencia, usted es un producto o servicio.

Es una regla implacable que se impone. Depende de usted aceptarlo, usarlo para buenos propósitos y mantener un buen « marketing mix ».

4. Realizar en lugar de ejecutar

Una vez que usted es consciente del entorno en el que opera, y ya no se hace una ficción sobre lo que es una empresa, una vez que tiene los elementos y habilidades interpersonales mencionados anteriormente, es hora de tomar medidas.

En una empresa, hay dos tipos de actores: Los que dirigen y los que ejecutan.

Algunos chismosos le dirán que hay quienes piensan y quienes ejecutan. No estoy de acuerdo y la realidad de la vida cotidiana me da la razón: Los que ejecutan sin pensar finalmente no ejecutan mucho y los que piensan sin saber ejecutar a menudo están totalmente fuera de base. Este tipo de pensador suele generar más daño a la empresa que valor añadido.

Muchos de nosotros estamos ejecutando o hemos comenzado ejecutando. Los puestos de ejecución, es decir donde el trabajo consiste en repetir un algoritmo, siguiendo procesos establecidos, no ofrecen espacio para configurar nuevas ideas, adaptar la forma de trabajar... Sin embargo, son útiles para comenzar una carrera. Permiten comprender la realidad sobre el terreno, las dificultades operativas y, por lo tanto, ser conscientes de una realidad esencial.

Muchos pensadores permanecen en sus torres de marfil con solo tablas de figuras como información. Sus ideas y decisiones a menudo están fuera de sintonía con la realidad del campo de trabajo, rara vez traen los resultados esperados y complican la vida de los empleados sobre el terreno más de que mejorarla. Y cuando algo funciona, estos pensadores no pueden aceptar dejar nada como está sólo para mostrar que existen, que actúan. Por lo tanto, es comprensible por qué muchas empresas, a fuerza de proyectos ineficientes, inútiles, a veces estúpidos, se están convirtiendo gradualmente en burocracias para avanzar directo hacia crisis profundas.

La ejecución es un paso de aprendizaje útil. El problema de los cargos ejecución es que quienes los ocupan frecuentemente se quedan ahí estancados. Y estancarse es ponerse en peligro. Aquellos que ya están en posiciones de cumplimiento necesitan moverse a posiciones donde puedan lograr aún más. Aquellos que están en posiciones ejecución deben evolucionar a posiciones de realización.

Los puestos de ejecución no son sólo puestos de trabajo. La mayoría de los médicos realizan protocolos repetitivos: «¿Qué tiene?», toman la temperatura, «Abre la boca», «Tienes dolor aquí» para finalmente recetar el mismo tratamiento varias veces al día. Muchos ingenieros interpretan los resultados del análisis de forma repetitiva. Muchos técnicos repiten los mismos exámenes de control. Muchos suscriptores de seguros establecen contratos con las mismas cláusulas repetidamente a lo largo de su carrera. Estos puestos ejecutivos están claramente amenazados por los rápidos avances de la inteligencia artificial. Operaciones comerciales, análisis de estudios geológicos, radiografías y resonancias magnéticas, proyectos de ingeniería, mantenimiento industrial... enteramente gestionados por especialistas de alto nivel son cada vez más ayudados o incluso automatizados por la inteligencia artificial. Muchos trabajadores fueron reemplazados por máquinas. Muchos ingenieros y otros especialistas de alto nivel serán reemplazados gradualmente por un software, a menos que evolucionen y utilicen el software como una forma de aumentar sus capacidades personales.

Para sobrevivir a la evolución de las técnicas, tecnologías, modas, robótica e inteligencia artificial, competencia internacional, coyuntura económica, es necesario evolucionar desde la ejecución hasta la realización de proyectos. Ese es el propósito de este capítulo.

En primer lugar, un proyecto debe cumplir con las expectativas de la mayor cantidad de personas posible y es por eso que dedicaremos un tiempo a revisar los objetivos de las principales categorías de actores en la empresa: Empleados operativos, mandos intermedios y gerentes. Entonces, ¿Cómo identificar oportunidades de proyectos y llevarlas a cabo? Finalmente, ¿Cómo valorar sus resultados para que ya no solo sobrevivan sino que tengan éxito?

4.1.
Comprender el objetivo de la alta dirección

Cuanto más uno se sitúa arriba en la jerarquía, más se acerca a los accionistas que solo piden una cosa: Más ganancias por más dividendos y un mayor precio de sus acciones.

Algunas empresas en crisis, antes de considerar cualquier perspectiva de ganancias, deben limitar la hemorragia de pérdidas financieras y apuntar ante todo al equilibrio financiero. A menudo se trata de empresas afectadas por recesiones económicas, la oportunidad de una nueva tecnología o una técnica perdida, una moda que se vuelve obsoleta. Muchas empresas estatales también se encuentran en esta situación, independientemente del país. Para estas empresas, los accionistas (incluido el Estado) buscan en primer lugar la reducción de las pérdidas y el retorno al menos, al equilibrio. El beneficio es un sueño que la mayoría de las veces no consideran a corto o mediano plazo. Para estas empresas, los planes de reestructuración de la organización, las profesiones, la plantilla, el posicionamiento en el mercado... Están entre las prioridades y sus accionistas quieren resultados concretos.

Los accionistas son los dueños de la empresa. Nombran y destituyen a los líderes, que a su vez crean y deshacen la gerencia media, que a su vez crean y deshacen a los operativos.

En cualquier caso, si contribuye a hacer tanto o incluso mejor con menos, a realizar ventas adicionales, a aumentar los márgenes, a reducir las pérdidas o problemas que pesan sobre la empresa, contribuirá a mejorar la rentabilidad y por tanto a satisfacer a los accionistas. Esto satisfará a su jefe, por lo tanto, al jefe de su jefe, a su jefe, etc.: en cualquier caso, es bueno para usted.

4.2. Comprender el propósito de la gerencia intermedia

Los mandos intermedios están fundamentalmente separados de los accionistas por la alta dirección a la que temen. La alta gerencia no solo presiona en cascada a los accionistas sobre la gerencia media, sino que a veces también es una fuente de ideas tortuosas que la gerencia media debe implementar para sobrevivir. En este último caso, la gerencia media a menudo tiene que movilizar a los empleados operativos que no están motivados ni convencidos.

La gerencia media es el nivel jerárquico que debe tratar con clientes insatisfechos, empleados desmotivados o ausentes, hacer informes de todo tipo para la alta dirección, estimular las ventas de productos que no interesan a los clientes... En resumen, los mandos medios aguantan mucho y muchas veces por una remuneración muy inferior a la de la alta dirección.

La gerencia media ofrece muchos puestos y oportunidades de promoción para aquellos que están ahí. Por otro lado, los mandos medios que quieren avanzar hacia la alta dirección se golpean contra un techo de cristal. Entonces solo pueden evolucionar horizontalmente, es decir, en diferentes posiciones, pero al mismo nivel jerárquico que el que ocupan, a menos que cambien de empresa. En este caso, pueden pasar a puestos de alta dirección, pero cambiando a una empresa generalmente más pequeña.

Mientras que usted es parte de la gerencia media y depende de un miembro de la alta gerencia, sus objetivos son simples y a menudo están dirigidos a obtener ganancias o al menos minimizar las pérdidas de un año a otro.

Cuando usted es parte de la gerencia media, depende de otro miembro de la gerencia media o si tiene que administrar empleados operativos, las cosas son menos simples. Por supuesto, debe contribuir a las ganancias (o a la reducción de las pérdidas), a veces en forma de objetivos

numéricos, que pueden ser poco realistas. También tendrá que lograr esto mientras lidia con todas las preocupaciones mencionadas anteriormente. Realizar informes, gestionar horarios, empleados ausentes o desmotivados, tratar con clientes insatisfechos, problemas informáticos, quejas, casos excepcionales no previstos en procedimientos, emergencias de última hora, afrontar la competencia entre mandos intermedios (más dura que entre gestores) ...

¿Depende de un gerente intermedio? Entonces no solo tendrá que contribuir a los objetivos numéricos de su jefe, sino también brindarle el apoyo, la confiabilidad y la comodidad que puede esperar de usted a diario para lograr sus propios objetivos.

4.3. Comprender las expectativas de los empleados operativos

El empleado operativo es el que produce, mantiene o mantiene, el que vende, gestiona la vida cotidiana... bajo la supervisión de mandos intermedios.

A menudo se le pide que haga más, a veces mucho más, con metas y limitaciones cada vez más fuertes. Producir más, más rápido, vender más, vender más rápido, vender productos o servicios no vendibles, mantener los equipos cada vez más rápido...

También es la que primero sufre los planes de reestructuración y reducción de personal. Finalmente, es la que ve a los jefes sucederse unos a otros, ya sea por no haber ningún cambio en la vida diaria o por cambios que a menudo solo complican la vida diaria. Y si un jefe es competente, bueno y marca una diferencia positiva, no permanecerá mucho tiempo antes de ser promovido o cazado por la competencia.

El empleado operativo, muchas veces motivado al principio, a menudo termina desmotivado por esta situación, la falta de reconocimiento y promoción por parte de su jerarquía, a pesar de los esfuerzos sostenidos.

El empleado operativo depende de un gerente intermedio frecuentemente. Para sobrevivir, por supuesto, tendrá que hacer su trabajo correctamente. También tendrá que contribuir al éxito y la comodidad del gerente medio del que depende, sabiendo que rara vez mostrará su gratitud. Por el contrario, tendrá todo el interés en evitar la promoción o salida de un empleado que contribuye eficazmente a sus resultados y le brinda el apoyo más útil.

4.4
Ejecución: un peligro a largo plazo que se transforma en una oportunidad

Lo ha entendido desde el principio de este libro: Ser un ejecutante es peligroso con el tiempo. Esto no significa, sin embargo, que sea imposible ser otra cosa que un ejecutante a lo largo de la existencia, incluso si muchos lo creen y de hecho siguen siéndolo.

Sin embargo, esto generalmente implicaría pasar toda la vida sin sufrir de la competencia (nuevas generaciones, competencia extranjera, nuevas tecnologías...), crisis, planes de reestructuración, jefes retorcidos... y a menudo por salarios que permiten, en el mejor de los casos, ofrecerse algunos extra y algunas vacaciones además de los gastos diarios.

Seguir siendo un ejecutante es un poco como jugar a la ruleta rusa, con el tiempo un poco más de balas en la cámara del revolver. Por no hablar del aburrimiento que puede provocar la rutina, el riesgo de una pérdida gradual de la autoestima y la sensación al final del día de no haber hecho nada con su propia vida, excepto por los hijos con la esperanza de que les vaya mejor.

Cuando hablamos de ejecutantes a menudo nos imaginamos obreros, técnicos de mantenimiento, cajeros... Esto es olvidar que muchos ejecutantes están en puestos gerenciales, especialmente en servicios administrativos, de control, etc. Estos últimos están tan expuestos como los primeros, si no es que más. Y se habla mucho menos del desempleo de directivos que el de los obreros.

El ejecutante debe luchar para cambiar de bando y ponerse del lado de los que organizan, mejoran, optimizan. En definitiva, debe aportar valor a la empresa ya no ejecutando, sino proponiendo, actuando en torno a proyectos específicos. Esto significa una cosa: No ser dominado, sino tomar la iniciativa.

4.5. Manténgase atento a la empresa y de sus problemas

Antes de tomar una iniciativa, debe encontrar una oportunidad como objetivo. Y no conozco ninguna empresa donde no haya ningún problema, es decir, no conozco ninguna empresa donde no haya ninguna oportunidad. ¿Tienes miedo de perder una oportunidad o no verla? No se preocupe, si le pierde una, tendrá diez más.

En primer lugar, mire a su alrededor: En su oficina, en su servicio, en su departamento. ¿Cuáles son los problemas diarios o recurrentes? ¿En qué están usted y sus colegas perdiendo el tiempo? ¿En qué está perdiendo dinero la empresa? Si está tratando con clientes, ¿Qué les molesta o les hace dudar en hacer una compra? Si está tratando con proveedores, ¿Qué causa los retrasos, los problemas de cumplimiento...? Hable con sus colegas para comprender mejor este o aquel problema: ¿Cómo les afecta? ¿Cuánto tiempo les lleva este problema?

Trate de identificar cualquier inquietud o preocupación que su jerarquía tenga sobre su servicio o departamento. Los resultados de su departamento, servicio, unidad, tienda... ¿Son insuficientes o los costos son demasiado altos? ¿Otros departamentos o terceros (clientes, proveedores de servicios, etc.) reportan quejas sobre su departamento? ¿Qué le gustaría mejorar a su jerarquía con respecto a su departamento, su papel futuro y sus misiones futuras, su evolución? Si tiene la oportunidad de acercarse a los miembros de la gerencia, hable con ellos al respecto. De lo contrario, trate de obtener información de personas cercanas a ellos o hable con el gerente de Recursos Humanos durante su evaluación personal. También intente tener en sus manos los informes de actividad de su departamento y ver la evolución de los indicadores.

Lea el informe de la compañía si hay uno. Observe la evolución de la salud financiera de la empresa y compárela con la de sus competidores. Interésese por la prensa profesional, opiniones, análisis y comentarios en Internet. Si a otros les va de manera diferente con mejores resultados, puede ayudarle a encontrar ideas.

Mire lo que piensan los clientes. ¿Los productos son buenos, pero considerados caros y la empresa tiene altos costos? Esto significa que cualquier idea que pueda optimizar los costos será buena.

Tiene que escuchar, todo el tiempo. Debe ser un buen observador, escuchando cualquier señal que pueda abrirle una oportunidad (o peligro). Añadir una red de sensores: redes de compañeros en múltiples departamentos/entidades de la empresa, contactos con miembros de la dirección o familiares de la dirección, socios y clientes de la empresa, informes, Internet...

Habrá muchos problemas. Depende de usted filtrar aquellos que usted considera factibles, aquellos en los que se puede actuar y probarse a sí mismo, aquellos que son transformables en oportunidades.

Sin mencionar que, con frecuencia, el problema (y por lo tanto la oportunidad) está justo debajo de sus narices.

4.6. Provocar oportunidades de realización y concretarlas

Una vez que haya identificado una oportunidad, antes de saltar y pedir luz verde, debe asegurarse de que es probable que tenga éxito. Si comienza sin un pensamiento sólido de antemano, aumenta significativamente sus posibilidades de fallar. Y fallar dañará su credibilidad, su reputación.

Sobre todo, debe guardar sus reflexiones para usted mismo. No se las diga a nadie. Todo se sabe. Filtre la información y tenga siempre en cuenta que una persona maliciosa podría tener conocimiento de sus proyectos, sabotearlos o apropiarse de ellos. Recuerde que está en una jungla, en un entorno competitivo donde algunos tienen principios, pero otros no tienen ningún escrúpulo para tener éxito.

Evalúe el problema y conviértalo en efectivo. Por ejemplo, estimar el tiempo promedio perdido por día, por persona. Multiplíquelo por el número de personas afectadas y el número de días al año (no olvide contar solo los días hábiles). Esto le dará una estimación del número de horas perdidas por año relacionadas con el problema en consideración. Para hacer que su enfoque sea más confiable y dar credibilidad a los tomadores de decisiones, obtenga el tiempo perdido en promedio de sus colegas cada día, de manera informal, por ejemplo, a través de una discusión en el almuerzo o en la pausa para el café. Si sus colegas tienen un salario cercano al suyo, multiplique este volumen por su costo por hora. Este costo por hora es su salario bruto por hora complementado por lo que le cuesta a la compañía además de su salario. Las estimaciones se pueden encontrar en Internet o en su gerencia de Recursos Humanos. Al multiplicar el volumen de horas perdidas por año por el costo promedio por hora, obtendrá el costo del problema. Mantenga copias cuidadosas de sus cálculos y fuentes. Ulteriormente mire cuánto tiempo le llevará solucionar el problema y cuantifíquelo utilizando su costo por hora. Si necesita refuerzos para construir un pequeño equipo, incorpore su tiempo en sus cálculos. Agregue cualquier gasto eventual y externo (intente tanto como sea posible hacerlo con recursos internos). De este modo, obtendrá el costo-beneficio de la oportunidad. Si el costo es significativamente menor que la ganancia, entonces esto es excelente para usted.

Después piense en las posibles soluciones. ¿Son factibles? ¿Cuál de entre ellas es la más fácil y rápida de implementar? ¿Cómo implementarla? ¿Qué recursos necesitará? ¿Cuánto tiempo le llevará? ¿Cuáles son los riesgos, las posibles oposiciones y cómo superarlas? Si el plan falla, ¿Qué perderá la empresa?

Una vez que se sienta cómodo con su idea, su plan y su potencial de ganancia económica, es hora de obtener luz verde para realizarla y legitimar la supervisión de su proyecto. Probablemente nunca estará 100% seguro de que tendrá éxito. Pero sí, una vez que sus reflexiones están claras, estime al menos un 80% de sus posibilidades de éxito y que su intuición apoye su análisis, así que adelante. Tendrá fuertes posibilidades de que realmente funcione.

No comience por ir a ver a su N+1 para discutir su proyecto. Por un lado, puede robar su idea. También puede dejarle liderar el proyecto, dejar los riesgos y esfuerzos a su cargo, y después ganarse los laureles bajo pretextos tan diversos como la recuperación de la idea, haberle animado, haberte «pilotado» o «supervisado» en este proyecto... También puede inflar su balance general sin que usted lo sepa y obtener un bono o promoción a su cargo. A menos que su N+1 sea miembro de la dirección general, no vaya a verlo primero.

Primero mencione el problema (cifrado) con su N + 2 o (si es posible) con su N + 3. Pregúntele, por ejemplo, en el ascensor o en la máquina de café, si está interesado en las economías de funcionamiento. A menos que sea un individuo anormal, él le responderá afirmativamente. Diga que ha identificado un costo adicional de aproximadamente x dólares (su estimación del problema) y cree que tiene ideas para reducir este costo. Pregúntele de nuevo si está interesado. Él responderá que sí de nuevo con toda seguridad. En este caso, ofrézcale poner su proyecto sobre papel y preséntelo unas semanas después de discutirlo con su N+1. Si es su N+3, haga las mismas preguntas, de la misma manera que con su N+2. De esta manera, los superiores de su N+1 serán conscientes de que esta es su idea, su proyecto, y no la de su N+1. De este modo, asegura la autoría de su idea.

A continuación, trabaje en su idea de forma discreta y resuma en PowerPoint o Keynote las diapositivas de su proyecto siguiendo el diagrama: Problema actual con cifras, propuesta de acciones y costos, ahorro previsto y calendario de acciones. Con sus diapositivas, acérquese a su N+1 y presente el proyecto. Verá su reacción.

Si se adhiere a su idea y acepta darte luz verde, agradézcale y apóyelo en su decisión explicándole que dará lo mejor de usted mismo para tener éxito en este proyecto. También mencione que su N + 2, o incluso su N + 3 está interesado en la idea (no en el proyecto) y que tuvo que discutir el proyecto (y no la idea) con su N + 1, no solo para obtener su opinión sobre el proyecto, sino también para beneficiarse de su experiencia y de su ojo experto (incluso si su N + 1 no tiene ninguno). A continuación, organice una reunión con su N+1, N+2 y posiblemente N+3. Si el proyecto es bueno, es casi seguro que será validado y luego podrá evolucionar bajo la protección de su jerarquía. Si tienen dudas, es totalmente normal, pero no hay nada que perder excepto un poco de su tiempo, ¿Cómo podrían decirle que no?

Recuerde que es probable que su N + 2 se sienta amenazado por su N + 1. Y que es probable que su N + 3 se sienta amenazado por su N + 2. Su N + 2 apreciará saber que puede contar con usted para frustrar los posibles peligros de su N + 1. Los gerentes a menudo tienen un gusto por la promoción, el poder y la esperanza de algún día ocupar el asiento de su jefe y eso a menudo motiva a más de uno a poner algunos jabones y otras cáscaras de plátano en el suelo para facilitar y acelerar las cosas.

No solo asegura la autoría de su proyecto, sino que también se asegura los laureles en caso de éxito. También puede hacerse notar frente a su jerarquía que a menudo carece de personas emprendedoras, preocupadas por crear valor como usted, que puede ayudarlos en sus objetivos anuales de rendimiento.

Estaba por olvidar lo siguiente: ¿Y si su N+1 dice que no? Depende de usted ver qué opción es la mejor. En mi caso, si mi N+1 es alguien a quien estimo y con quien tengo buenas relaciones, le hago saber el interés de mi N+2. Si estoy en conflicto con mi N+1, voy a mi N+2 y le hablo de la negativa de mi N+1 y de mi decepción. Depende de cada uno, de acuerdo con su contexto, su sentimiento, elegir cómo manejar este rechazo. Sin embargo, evite tirar la toalla demasiado rápido ante el rechazo de su N+1 y busque conocer sus motivaciones. Dialogue e indague para entender qué motiva su negativa. En algunos casos, las objeciones pueden ser superadas retomando su copia y proporcionando soluciones a lo que realmente eran temores justificados. Depende de usted encontrar soluciones inteligentes. En otros casos, se trata de razones infundadas ya sea por pereza o miedo a ver brillar a un subordinado en su lugar, o para evitar hacerse notar... En definitiva, razones que confirman la necesidad en este caso de acercarse a su N+2 para ver si comparte las objeciones de su N+1.

En algunos casos, puede obtener rápidamente un acuerdo para llevar a cabo su proyecto. Es el caso, por ejemplo, de reuniones donde participan su N+2 o incluso otros directivos de su nivel o superior. Si uno de los puntos del orden del día o de los debates se refiere a las dificultades de hacer economías, haga uso de la palabra al final del debate. Hable sobre el problema que identificó y su costo anual para la empresa. Especifique que incluso si no será decisivo para los resultados anuales, seguirá siendo una contribución. Pregúntele, en primer lugar, al presidente de la sesión si está interesado en su proyecto. Propóngale que estudie el asunto y si existe una solución simple y económica, proponga presentarla en las próximas semanas. Tendrá una gran oportunidad de obtener luz verde y, por lo tanto, la autoridad para comenzar su proyecto, al menos su fase de estudio en un principio.

Para algunos, especialmente los ejecutantes no ejecutivos, que no son muy visibles para la jerarquía, este tipo de enfoque puede serles más difícil. Una solución puede ser pasar por un gerente de Recursos Humanos para discutir tanto su deseo de evolucionar hacia más responsabilidades, pero también evocar rápidamente (sin entrar en detalles) algunos costos o desperdicios que la empresa podría evitar, que son onerosos cada año (puede presentar algunas estimaciones) y que podría reducir si tuviera la oportunidad. Si tiene más audacia, ¿Por qué no llamar a la puerta del gerente del sitio y explicar en cinco minutos sus ideas y su deseo de evolución?

4.7. Realizar un proyecto

Una vez que haya obtenido la luz verde para su proyecto, es el momento de actuar en cuatro fases: La preparación y organización del proyecto, el diagnóstico cuantificado, el plan de acción y el seguimiento.

Preparación y organización del proyecto

Primero, si no puede administrar el proyecto por su cuenta, cree su propio equipo. Redúzcalo al mínimo. Primeramente, para que la situación sea manejable: Coordinar cuatro personas es más fácil que treinta. También se reducen las posibilidades de sufrir golpes bajos o puñaladas en la espalda contando con un número reducido de personas. Incluso reducirá el costo para la empresa, lo que solo puede ser favorable para usted. Finalmente, la recompensa, en caso de éxito, se compartirá entre un número limitado de personas, lo que permitirá mayores acciones individuales.

Intente crear su equipo con personas que usted conozca o que tengan una buena reputación tanto técnica como humana. Debe ser capaz de confiar en sus compañeros de equipo competentes y honestos. Preséntelos el problema, su costo para la empresa, su proyecto, la solución prevista, los beneficios esperados sin olvidar mencionar la luz verde dada por la jerarquía. En definitiva, venderles el proyecto y la oportunidad de aportar valor a la empresa mientras son destacados por la dirección.

Una vez completado este paso, determine el cronograma del proyecto y las tareas para cada uno. Observe cuidadosamente cada tarea con los expertos de su equipo. Para cada tarea, ¿Qué resultado espera? ¿De qué forma? ¿En qué período? Compruebe si es posible, cómo el experto convocado desea proceder. Si él tiene dudas, ¿Qué propone como solución? Si otro miembro del equipo necesita trabajar con este experto o con los resultados que se espera que produzcan, asegúrese de que tengan una buena comunicación, que se pongan de acuerdo sobre los resultados y expectativas de cada uno, y que ninguno de ellos tenga sorpresas desagradables que puedan retrasar o comprometer el proyecto. También asegúrese de que ningún miembro del equipo tenga visibilidad completa sobre el proyecto, corre el riesgo de hacer que este se duplique...

Si algunas tareas resultan ser más largas o más complejas de lo esperado, agregue tiempo a su calendario. También siempre agregue un margen para lo inesperado. Personalmente, para un proyecto de más de un año, suelo añadir entre dos y tres meses de margen: Esto deja tiempo para gestionar lo inesperado con serenidad y evitar dar una imagen de una persona poco fiable en plazos frente a la dirección.

Una vez que las tareas estén bien definidas entre los miembros del equipo y los expertos, su coordinación y los plazos establecidos, todos pueden embarcarse en su misión. Planifique los puntos de las etapas con cada uno para comprobar el progreso de las tareas y el cumplimiento de sus expectativas. No espere el final de una tarea para hacer un balance: Puede tener sorpresas desagradables y retrasos importantes si la tarea completa no cumple en última instancia con sus expectativas y debe reanudarse por completo. En este proceso, corre el riesgo de que el miembro del equipo a cargo de esta tarea tire la toalla y abandone el proyecto, lo cual es una opción que no es factible.

Si sus proyectos se refieren a puntos de venta, sitios de producción... Sobre todo, no se quede en su oficina y vaya directamente al sitio de interés. Hable con todos los involucrados, desde el gerente hasta el almacenista. La solución generalmente se encuentra en la parte inferior de la escala, donde las personas no administran las tablas de Excel, sino los clientes, los productos. Mencione este enfoque al presentar los resultados a su gerencia: Demostrará que es una persona de terreno, que aporta soluciones concretas y obtendrá un máximo de puntos.

Diagnóstico cifrado

Desarrollaremos este aspecto un poco más.

Esta etapa del proyecto es fundamental: Justifica económicamente su proyecto y el plan de acción que surgirá de él. También es durante esta etapa que algunos tratarán de ponerle obstáculos cuestionándole o poniendo en duda sus cifras. No olvide una cosa: Al resaltar los problemas, también hará salir a flote a los que están en el origen o a los que no han hecho nada para resolver dichos problemas. Albert Einstein dijo que nunca se debe confiar en aquellos que crearon problemas para resolverlos...

Utilice los datos de la empresa en prioridad (datos contables, datos de producción, datos de ventas, datos de calidad, datos de salud y seguridad, datos de Recursos Humanos, etc.). Legitime sus fuentes y limitará el cuestionamiento. Si utiliza datos del departamento de producción, alguien que cuestiona sus números también puede cuestionar la dirección de producción, lo que puede ser un error de cálculo político. Si su diagnóstico recopila datos contables, de marketing, de producción y de ventas, quienes atacarán sus cifras corren el riesgo de alienar a buena parte de la empresa, cosa que probablemente no emprenderán. Además, la gerencia apreciará este trabajo en equipo y probablemente juzgará sus cifras sólidas ya que salen de varios departamentos de la propia empresa.

Revise los números cuidadosamente. ¿Cómo se establecen? ¿Qué tienen en cuenta? Imagine que usted constata una caída significativa en las ventas en una franquicia situada en una región determinada y que usted se basa únicamente en los datos de ventas y estudios de marketing que muestran una disminución en el poder adquisitivo de dicha región. Por ejemplo, puede concluir que los precios son demasiado altos y que deben reducirse. Pero tal vez simplemente algunos puntos de venta estuvieron cerrados durante dos meses para renovar el local... En este caso, imagine presentar su observación a la gerencia: Las ventas están disminuyendo debido a una mayor disminución del poder adquisitivo en la región. Y de repente, alguien especifica que es normal ya que les puntos de venta de la región han sido objeto de un programa de renovación... En menos de un minuto de humillación pública, su reputación se transformará en alfombra durante mucho tiempo.

Por lo tanto, es imperativo comprender cómo se desarrollan los números que utiliza, de principio a fin. También es necesario cruzarlos con otras figuras para reforzar y hacer más fiable su diagnóstico. Igualmente debe revisar su valoración con los expertos de su equipo y asegurarse de que lo compartan. Si no es así, trate de entender lo que está mal y revise su copia. No dude en consultar a diferentes expertos que puedan darle una opinión y cuya consulta legitimará aún más su diagnóstico.

Dominar sus números es fundamental. Además, debe asegurarse de que sus cifras y diagnósticos sean objeto de un consenso interno antes de cualquier presentación a la gerencia.

El plan de acción

El plan de acción debe ser sencillo, claro, eficaz y, sobre todo, debe ser una fuente innegable de valor añadido. Al igual que el diagnóstico numérico, debe ser objeto de un consenso interno.

Simple y claro: Todos deben ser capaces, sin ser expertos, de entender cada una de las acciones propuestas y el interés en implementarlas. Para cada acción, ¿En qué consiste? ¿Quién debe implementarla? ¿Cuándo, cómo, con qué?

Efectivo: No intente eliminar el 100% del problema puesto en evidencia por su diagnóstico en cifras. En su lugar, adopte la regla 80-20 como un principio básico. Si cuatro o cinco acciones pueden reducir el 70% u 80% del problema, esto puede ser suficiente. He observado que la mayoría de las veces, solo unas pocas acciones son suficientes para reducir significativamente un problema. Las acciones adicionales, destinadas a reducir el 100% del problema, tienden a requerir más esfuerzo para obtener ganancias marginalmente pequeñas. Sea eficiente y especialmente evite el perfeccionismo, que es solo un ideal costoso.

Una fuente innegable de valor añadido: una acción requiere tiempo y recursos para ser implementada. De lo contrario, cada acción tomada costará dinero. Calcule el costo de cada acción y compare este costo con los beneficios esperados. Si una acción requiere tres días de trabajo por parte de dos ingenieros y 100.000 dólares de inversión para ahorrar 300.000 dólares por año durante cinco años, la acción definitivamente vale la pena y merece ser realizada. Si, por el contrario, estos esfuerzos a realizar ahorran solo 80.000 dólares al año, la acción sigue siendo rentable a priori, pero se vuelve menos atractiva para un líder que necesita resultados rápidos. Perder dinero en el primer año, incluso si es para ganar dinero en los años siguientes, puede no despertar ningún entusiasmo particular: Un presente seguro casi siempre es privilegiado sobre un futuro incierto. En lo que a mí respecta, siempre logro tener acciones que generen al menos un 100% de rentabilidad, es decir que rindan al menos el doble de su costo, y esto a partir de su implementación. Excluyo sistemáticamente acciones con menos del 20% de rentabilidad. Si tengo acciones que cuestan más de lo que traen en el primer año, pero ofrecen perspectivas interesantes a partir del segundo año, las agrego incluyendo acciones con una rentabilidad fuerte e inmediata. Los lectores que tienen perros conocen esta técnica cuando su perro se niega a tomar la píldora prescrita por el veterinario: Simplemente escóndala en una albóndiga y listo. Con las acciones, es lo mismo. Así que rentabilice al máximo y lo antes posible.

Algunos dirán que no es posible predecir la rentabilidad de tales acciones. Tienen toda la razón, y por eso sólo estamos hablando de estimaciones. Esta es también la razón por la que apuntamos a altos niveles de rentabilidad para protegernos contra los peligros. Si una acción con una rentabilidad es estimada al 80% se ve comprometida por peligros no tenidos en cuenta y por diversas razones la rentabilidad finalmente cae 15%, la acción sigue siendo rentable. Y las inversiones que ofrecen un 15% de rentabilidad actualmente no son legión.

Seguimiento

El seguimiento a menudo se olvida y, sin embargo, es un paso crucial. Por un lado, permite garantizar la correcta ejecución de las acciones. El seguimiento permite medir los efectos y el valor agregado. Por último, el seguimiento de los resultados permite mantener al día sus rendimientos anuales y acumulativos que, cada año, cuantificarán su contribución a la empresa a cambio de su remuneración.

Su proyecto es un activo, es decir una fuente de valor añadido que «financiará» su supervivencia en la empresa, pero también apoyará su éxito. Si su proyecto genera $ 100.000 por año en ahorros durante tres años, son $ 100.000 en ganancias que puede poner en sus logros anuales durante tres años. Si usted le cuesta a su empresa $ 80.000 al año, teniendo en cuenta los costos auxiliares, usted es prácticamente «neutral» para la empresa. Si usted le cuesta a la compañía $ 50.000 al año, es claramente rentable. Si usted le cuesta a la compañía $ 160.000 cada año, solo costará $ 60.000 por tres años.

Ahora bien, si tiene tres proyectos en marcha generando 230.000 dólares al año, en cualquier caso, usted es rentable. Si le pagan $ 50.000 al año, es hora de discutir la evolución y los bonos, pero sin ser demasiado codicioso: debe seguir siendo una buena, incluso una excelente inversión para la empresa. Personalmente, me aseguro de devolver al menos diez veces mi remuneración bruta anual a la empresa.

Por lo tanto, este activo necesita monitorearlo como la leche en el fuego. Primero asegurándose de que las acciones estén bien implementadas. Verifique con las personas que las implementaron junto con usted cuánto dinero (o tiempo) realmente ahorran estas acciones a la empresa. Agregue estos resultados cada año a su contador de logros.

Asegúrese de que nada obstaculice la implementación de las acciones y su correcto funcionamiento. Tan pronto como surja un problema, es su responsabilidad encontrar una solución con los expertos interesados y, especialmente, no darse por vencido. Cada acción que usted abandona, significa menos resultados en sus activos y, por lo tanto, menos posibilidades de supervivencia o éxito.

Finalmente, algunas acciones pueden no funcionar como se esperaba. Algunas pueden resultar ser falsas buenas ideas. Otras pueden finalmente, resultar pocas prácticas. Si no se puede hacer nada para corregir la situación y convertir la acción fallida en éxito, déjela pasar. No tenga miedo de admitir el fracaso y aprender de él. Si una o dos acciones fracasan sobre un total de ocho, manteniendo una alta rentabilidad de su plan de acción, su plan de acción seguirá siendo un éxito. ¿Apuntaba a $ 120.000 en ahorros, pero al final solo gana $ 105.000? Ciertamente, gana menos de lo esperado pero no olvide lo esencial: usted está aportando.

4.8.
Medir, cuantificar, rastrear, documentar, demostrar la creación de valor esperada y finalmente lograda

La fiabilidad de su trabajo y sus resultados deben ser indiscutibles. Esto significa que su método y sus figuras no deben poder ser utilizados en su contra por una persona maliciosa. Tienes dos armas para lograrlo: rigor y transparencia.

Para el rigor, debe comprender claramente el problema y los números que está utilizando, independientemente de la fuente. No use nada que no entienda, incluso si esto requerirá mucho trabajo adicional. Chatee con expertos en el tema, conéctese, lea libros y revistas profesionales... En definitiva, aprenda si es necesario, a dominar su área de interés. Cruce opiniones y tome su propia decisión. Preste atención a los falsos expertos, aquellos cuya antigüedad no es sinónimo de éxito, sino solo del tiempo pasado en la empresa. Preste atención a sus emociones y a lo que escucha: Básese lo máximo posible en hechos y cifras para ser lo más objetivo posible. Una buena demostración debe ser más convincente que el mejor de los discursos. Una forma sencilla: Tiene que convencerse de su enfoque antes de siquiera intentar convencer a los demás.

La trazabilidad de sus cifras también debe ser impecable. Tienes que ser capaz de producir la fuente de sus números, todas sus cifras. Necesita ser capaz de explicar sus suposiciones y cálculos. Para ello, utilice datos reconocidos: Datos de la empresa (contables, ventas, producción, marketing, Recursos Humanos.. .), datos oficiales (estadísticas oficiales, datos fiscales, etc.). Para sus cálculos en Excel, meta bien en evidencia a través de las fórmulas utilizadas, la ruta que comienza con los datos de origen (cuidadosamente documentados) y termine con los datos finales. Esto le permitirá explicar cada paso de su razonamiento, incluso uno o dos años después si es necesario.

La interpretación de las cifras es fundamental. Sin embargo, frecuentemente es una fuente de imprecisiones o incluso errores a veces muy costosos. Por ejemplo, mirando los gráficos del mercado de valores en períodos cortos, podemos ver títulos de acciones explotar al alza con + 30%. Excepto que, al extender un poco el gráfico, la misma acción había perdido un 30% en un año y un 45% en tres años... Perder el 30% en un año y luego recuperar el 30% no hace volver al nivel inicial, como todos saben. De ahí la importancia de dar un paso atrás para el análisis y mirar el fenómeno estudiado durante un período bastante largo.

Esto destacará varios elementos clave para la evaluación. Primero la tendencia: ¿Bajista, estancada o alcista? Entonces, ¿Hay ciclos y periodicidad? Finalmente, ¿Cuáles son los accidentes que causan aumentos o disminuciones significativas y repentinas? Todo debe poder explicarse de manera simple. ¿Por qué un mercado ha estado subiendo o bajando durante diez años? ¿Por qué hay una desaceleración cada ocho años seguida de una recuperación? ¿Por qué en 2017 las ventas cayeron bruscamente un 26%? Las cifras deben tener una base explicativa sólida y con sentido común. Así que asegúrese de que su análisis sea consistente antes de considerar cualquier curso de acción.

Si está buscando reducir la tasa de ausentismo de un sitio de su empresa, por ejemplo, es probable que tenga picos periódicos correlacionados con brotes de gripe estacional o los miércoles por la tarde. Puede tener un accidente fuerte, por ejemplo, en el contexto del confinamiento por COVID-19. En el primer caso, las actuaciones son posibles (vacunación ofrecida, medidas de higiene reforzadas, dieta vitamínica reforzada en el refectorio para la gripe, jornada laboral adaptada o bonificación de asistencia para limitar las ausencias los miércoles por la tarde). En segundo lugar, tendrá que desarrollar muy rápidamente un extraordinario ingenio para hacer frente a la emergencia, limitar las pérdidas o explotar la situación. En cualquier caso, tendrá que aislar los diferentes fenómenos: COVID-19, gripe estacional, absentismo por motivos familiares... De lo contrario, corre el riesgo de que su análisis sea socavado por alguien que entienda los números y los cuestione públicamente.

Si el absentismo del miércoles representa alrededor del 3% de la plantilla, se puede cuantificar la pérdida de tiempo de trabajo en función del salario o la falta de producción asociada. Si el tiempo de trabajo acordado reduce esta tasa al 0,8%, puede calcular fácilmente la ganancia de su participación cada año y agregarla a su contador de rendimiento. Y obviamente, no puede basar su cifra sobre el miércoles de confinamiento relacionado con el COVID-19 o el absentismo podría estar cerca del 100%...

4.9. Valorar a los participantes y demostrar su liderazgo

Una vez finalizado el proyecto, no olvide una cosa esencial: agradezca a sus compañeros y a todos los que le ayudaron.

Lo ideal es organizar una reunión de recapitulación de la gerencia donde mostrará los resultados logrados por su equipo. Al final, planifique una diapositiva que mencione los nombres y departamentos de los participantes.

Envíe a los participantes un correo electrónico de agradecimiento recordando en qué han contribuido a través de este proyecto. Envíe una copia a su jerarquía, al menos a su N+1 y N+2, agradeciendo de paso su apoyo (aún si nunca le apoyaron).

Acuda a los gerentes de los departamentos en cuestión para agradecerles por su apoyo a este proyecto (nuevamente, incluso si nunca le apoyaron) y le permitieron usar las habilidades de x persona. No sea tacaño al elogiar a x y recuerde lo esencial que fue x para el éxito del proyecto. Haga arreglos para que estas sesiones de agradecimiento no duren más de unos minutos.

También puede solicitar una entrevista rápida con el director de Recursos Humanos. Primero presente el proyecto en pocos minutos y los resultados obtenidos. Preséntele al equipo que le acompañó en este proyecto. Estará encantado de poder identificar los empleados merecedores, con potencial, y habrá sumado puntos en el proceso al mostrar no solo su capacidad para llevar a cabo proyectos útiles, sino también sus habilidades de liderazgo.

Al tomarse el tiempo para hacer este trabajo de valorar a los participantes en su proyecto, usted gana mucho.

Gana autoestima. Ha logrado algo para la empresa y, por lo tanto, ha contribuido a su sostenibilidad. Lo hizo con sus compañeros de equipo. No se apropia de su trabajo, sino que les brinda gratitud, reconocimiento y visibilidad. Aumenta sus propias posibilidades de supervivencia y éxito y también las de su equipo.

Gana en visibilidad. La gerencia le detecta, sabe lo que ha hecho y cómo. El director de Recursos Humanos, sus compañeros de equipo, sus gerentes también. Por no hablar del boca a boca que seguirá y a través del cual varios de sus compañeros de equipo le promocionarán.

Obtiene apoyo. Sus compañeros de equipo confiaron en usted y no se arrepintieron. Seguro que puede volver a contar con ellos para su próximo proyecto. Cada proyecto exitoso aumenta su credibilidad con la gerencia. Tendrá cada vez más partidarios y, por cierto, reducirá sus oponentes en la misma cantidad. Estos últimos tendrán ahora que pensar dos o incluso tres veces antes de atacarle. De hecho, es arriesgado atacar a alguien creíble sin correr el riesgo de desacreditarse a sí mismo.

Gana en serenidad. Su N + 1 perderá gradualmente su control sobre usted. Sus resultados serán conocidos por todos. Le será difícil filtrar la información o apropiarse de los laureles de su trabajo. Él solo podrá apoyarle.

Los agradecimientos son una formidable operación de comunicación que no debe dejar pasar, ya que esta operación transforma a muchos en ganadores y el primero es... Usted mismo.

4.10. Multiplique las misiones, enumere sus éxitos cuantificados, valórelos en entrevistas anuales, con su jerarquía, con su DRH y otras empresas

El éxito no es suficiente para convertirle en una estrella. Necesitará más y sobre todo con regularidad.

Dos o tres proyectos por año es un buen número. Yo propongo dos o tres proyectos que produzcan resultados anualmente. Puede seguir cinco proyectos durante un año de los cuales dos, por ejemplo, entregarán resultados el mismo año, otros dos el año siguiente y el quinto en un lapso de dos años. Si lleva a cabo demasiados proyectos simultáneamente, corre el riesgo de dispersarse y, por lo tanto, aumentar sus posibilidades de fracaso. Para muchos, los proyectos se llevan a cabo en paralelo con las tareas diarias: Vienen adicionalmente. Por lo cual, es esencial que sus proyectos tengan todas las posibilidades de éxito y que sus esfuerzos para llevarlos a cabo no se realicen a expensas de su trabajo diario. Mejor un puñado de proyectos buenos, alcanzables y de valor agregado que una multitud de proyectos con un resultado incierto. Enfoque bien sus esfuerzos.

Cada año, asegúrese de que su trabajo habitual, es decir, el trabajo para el que fue contratado originalmente, se realice correctamente y que logre su objetivo. Sea capaz de demostrarlo por si alguien viene a ponerlo en duda. Mantenga sus evaluaciones anuales y la documentación asociada cuidadosamente.

En paralelo, enumere los proyectos realizados y el valor creado. Especifique el año, la descripción del proyecto e indique el valor generado en dólares. Cada año, este valor creado, además de su trabajo habitual, le valorará. Ya no hablará del trabajo duro realizado con su jerarquía y Recursos Humanos, sino del efectivo generado. Se convertirá en un jugador serio. Se transformará, será cada vez menos un costo hasta el día en el que aportará al menos tanto como lo que cuesta: Entonces se convierte en una inversión cada vez más interesante para la empresa.

Si necesita cambiar de empresa, por ejemplo, por un puesto más interesante y mejor pagado, esta lista de logros cuantificados le será muy útil y le ayudará a destacarse de la masa de candidatos competidores. No solo podrá demostrar que usted es técnicamente competente, sino también que puede aportar más valor mejorando y optimizando lo que pueda serlo. No solicitará un trabajo, pero si ofrecerá una oportunidad de inversión a una empresa.

¿Qué inversión? ¡Usted, por supuesto!

5. Manténgase a la vanguardia al máximo posible

5.1. Inmovilidad: el peor riesgo

¿No quiere sobrevivir ni tener éxito en su empresa? No haga nada, quédese quieto y espere.

Ya hemos mencionado los riesgos que se acumulan con el tiempo y que juegan en su contra: la competencia de las nuevas generaciones, la competencia extranjera, los cambios técnicos, tecnológicos o de moda, las crisis económicas, las fusiones y adquisiciones... por no hablar del riesgo de caer sobre un superior que quiere su cabeza.

Ante estos riesgos, debe actuar. Actúe desarrollando su estado de ánimo. Actúe desarrollando su capital humano, es decir, aprendiendo y desarrollando sus habilidades. Al igual que un inversionista que ahorra una suma cada mes, aprenda igualmente aumentar su capital de conocimiento, sus habilidades y su rendimiento un poco más cada mes. Invierta en sí mismo. Actúe creando valor para la empresa, es decir creando nuevas fuentes de ingresos o ahorros para la empresa a través de proyectos que usted gestiona en paralelo con su trabajo diario. Pero también actúe para asegurarse de que sus esfuerzos den sus frutos.

Usted es un profesional en su campo, trabajando por un salario. No es un voluntario. Es normal que se interese financieramente por los ingresos y ahorros obtenidos a través de los proyectos que has realizado, sobre todo porque los convierte en una inversión para la empresa. No sea demasiado impaciente o demasiado codicioso. Recuerde que tiene que traer (mucho) más de lo que cuesta, y esto de forma regular.

Imaginemos, como ejemplo, que su salario es de $ 60.000 al año. Su primer proyecto le ahorra a la compañía $ 30.000 al año. Al año siguiente, un segundo proyecto ahorró $ 10.000 adicionales por año. En el tercer año, un tercer proyecto ahorra $ 80.000 a la vez. En el tercer año, acumuló $ 190.000 a un costo de $ 180.000. Todavía no es una inversión para la empresa, pero tiende a ser financieramente neutral: Gana casi tanto como cuesta. Además, sus proyectos se han hecho asimismo de su misión inicial: Son iniciativas que se han llevado a cabo con éxito. No es descabellado prever un incremento neto anual de al menos el 5% en el ahorro anual así generado y responsabilidades más amplias... Por lo tanto, si ha creado 190.000 dólares acumulados durante tres años, o en promedio 63.000 dólares por año, es relativamente fácil justificar un aumento de 3.000 dólares por año.

La empresa no podrá acceder a dicha solicitud. Entonces, ¿Sus esfuerzos durante tres años son en vano? Claro que no. En este caso, siempre puede actuar. Puede concertar una cita con el director de Recursos Humanos o su N+2 para explicarles, con cifras de apoyo, que su solicitud de aumento y/o ampliación de responsabilidades es más que razonable. Si sus pasos no conducen a ningún resultado, no importa y su decepción no debe detenerlo. Tal vez sea solo el momento de cambiar de compañía.

Puedes postular a puestos similares con otras empresas, armado con su balance numérico que marcará la diferencia con la mayoría de otros candidatos o incluso le permitirá, con toda legitimidad, postular a puestos un escalón por encima del suyo y así evolucionar. No se quede quieto en una empresa que no premia sus esfuerzos a lo largo del tiempo. Permanezca en una lógica de dar y recibir.

Grandes oportunidades pueden existir cerca de usted, pero también lejos de su casa. Si está en una gran ciudad, tal vez puestos en las provincias con más responsabilidades, un ambiente de vida agradable, un salario más bajo, pero con un mayor poder adquisitivo, están a su alcance. Tales puestos pueden ofrecerle un excelente trampolín profesional, ya sea que decida quedarse en las provincias o no.

Si tiene competencias acreditadas o reconocidas, ¿Por qué no probar suerte en el extranjero? Podrá desarrollar sus habilidades, a veces adquirir un nuevo idioma, una nueva cultura, nuevos conocimientos mientras se beneficia de condiciones de vida y remuneración cómodas. Nuestro planeta no es tan grande y muchas empresas, incluso las medianas, están buscando expandirse en el extranjero. Necesitan empleados listos para acompañarlos en esta aventura. Tanto si usted es ingeniero, técnico o trabajador cualificado, cocinero, artesano, economista, abogado... ir al extranjero puede ser una gran opción, especialmente si está bajo un contrato de expatriado.

Algunos países le ofrecerán condiciones excepcionales para beneficiarse de sus habilidades que en su país son comunes, pero raras en otros lugares: Lo que es inaccesible hoy en día puede llegar a ser accesible, siempre que sea móvil...

5.2. Acumule las misiones creadoras de valor y conviértase en un experto

Un proyecto exitoso, con algunas excepciones, rara vez lo llevará a la estabilidad o al éxito. Tendrá que acumular éxitos y esto con duración en el tiempo. Tendrá que ser persistente y duradero.

A menos que su trabajo sea administrar proyectos a tiempo completo, la mayoría de los lectores, al igual que yo, tienen que administrar los asuntos cotidianos, a menudo rutinarios. Esto implica gestionar proyectos además del cotidiano de del día a día y por eso es imperativo liberar tiempo para llevarlos a cabo. Personalmente, solo administro unos pocos proyectos al año, a menudo dos o incluso tres, para maximizar mis posibilidades de éxito.

Los negocios cotidianos deben gestionarse de forma seria y profesional. Si usted no es bueno en sus actividades diarias, es poco probable que en la gestión de proyectos en paralelo tenga éxito. Los proyectos son un plus. La empresa a la base no se los pide. Los proyectos son iniciativas que lidera en adición. Tendrá mayor dificultad para ser creíble con su jerarquía si no es bueno en su trabajo diario, lo que solo reducirá sus oportunidades para lanzar y gestionar proyectos internos.

Si su trabajo diario es sólido y también gestiona proyectos con éxito, este es el premio gordo. Se convertirá en un verdadero experto, reconocido como tal. No será uno de estos supuestos expertos, autoproclamados como tales, sino uno de estos verdaderos expertos, reconocidos por su séquito, su jerarquía, su profesión. Usted controla su vida diaria, pero también es capaz de optimizarla, mejorarla, hacerla más eficiente y ofrecer un valor añadido real. Sus resultados le convertirán en un experto, no sus palabras o promesas.

Y por supuesto, cuantos más proyectos exitosos lidere, más resultados acumulará y más se fortalecerá su estatus de experto. Si carece de confianza en sí mismo, estos resultados naturalmente le ayudarán a ganar esa confianza. Si le afecta este famoso síndrome del impostor, sus resultados serán su mejor terapia: Son una realidad ante las dudas que en definitiva son solo el resultado de su imaginación.

Un experto (real), con un buen historial de logros es caro, a veces muy caro en el mercado. No porque requiera un salario alto, sino porque se exige.

5.3.
Siga la información

La información, como el dinero, es el nervio de la guerra. Necesita escuchar lo que sucede a su alrededor.

Comience por escuchar y observar lo que está sucediendo en su entorno inmediato. ¿Cuáles son los problemas del departamento, sus proyectos, sus desafíos? ¿La gerencia está considerando la contratación o la reestructuración? Manténgase atento a los rumores también, sin mencionar que son rumores y, por lo tanto, pueden ser falsos o verdaderos. Discuta con la gente en el almuerzo o alrededor de la máquina de café: Aprenderá mucho. Además, no dude en ir a tomar su café a otro piso para charlar con personas de otros departamentos. Depende entonces de usted cruzar la información sobre lo que puede preocuparle.

Eche un vistazo a los informes que puede leer, las noticias en Internet sobre su industria y su negocio. Lea los comunicados de prensa de los ejecutivos de su empresa. Conozca los perfiles de los líderes recién contratados: ¿Son especialistas en desarrollo o reducción de costos? Interésese por la prensa profesional, navegue por el sitio web de las empresas competidoras, sus informes anuales. Mire sus estrategias, sus resultados anuales, los perfiles que están reclutando actualmente. Compare sus estrategias con la de su empresa, construya su propia opinión.

Al configurar este tipo de dispositivo de recopilación de información simple, se beneficiará de un activo importante para ayudarlo a detectar no solo oportunidades, sino también amenazas.

En algunos casos, si su información está convergiendo en una crisis sin precedentes en su negocio y su bancarrota se acerca, considere abandonar el barco antes de que se hunda. Estar en un transatlántico no le hará más seguro que estar en una lancha en caso de un hundimiento inminente. Incluso si es bueno, ya sea que sus proyectos traigan (incluso mucho), los miles o incluso millones de dólares que puede aportar no serán suficientes para compensar varios miles de millones de pérdidas actuales o futuras.

En cualquier caso, generar valor. Si su negocio tiene perspectivas de supervivencia y solo está capeando una tormenta, estará a bordo entre aquellos que ayudan activamente a mantener el barco a flote. Probablemente se hará notar por sus esfuerzos y contribuciones. Si las perspectivas son nulas y siente que la situación es desesperada, sus esfuerzos le ayudarán a ahorrar tiempo sobreviviendo a las primeras oleadas de despidos, pero también a tener un perfil competitivo e interesante en el mercado. En cualquier caso, sea bueno en su trabajo diario e involucrado en el éxito de los proyectos que lidera.

Tener una estrategia es fundamental. Hacer su trabajo diario a conciencia y llevar a cabo sus proyectos de creación de valor es un curso a mantener siempre. La información le ayudará a gestionar, anticipar, evitar o enfrentar obstáculos en el camino. Sus logros, en cuanto a su trabajo diario y sus proyectos realizados en paralelo, le darán excelentes armas para enfrentar situaciones difíciles y recuperarse en el peor de los casos.

¿Es bueno y reconocido en su trabajo? ¿Es una inversión que paga más de lo que cuesta y puede demostrarlo con cifras que lo respalden? Entonces está bien armado, sea cual sea la situación que se le presente. Si además está lo suficientemente bien informado como para anticipar situaciones, entonces se convertirá en una verdadera máquina de guerra.

5.4 Desarrolle sus puntos débiles

Un punto débil puede ponerle en riesgo o impedirle llevar a cabo sus proyectos. Por lo tanto, es imperativo identificar las debilidades de uno, con toda objetividad y honestidad.

A veces es difícil identificar sus puntos débiles. Uno puede simplemente ignorar la existencia de una debilidad, no tener una idea clara de ella, y mucho menos ser capaz de nombrarla. También se puede tener miedo de la realidad y así minimizar o ignorar una debilidad. La presión social es a menudo importante, y en un mundo intensivo en rendimiento, admitir ciertas debilidades, aunque sean bastante naturales, puede crear una profunda sensación de ansiedad que conduce a su negación.

Si necesita ayuda, pregunte a las personas de confianza que lo rodean qué creen que debe mejorar. Por supuesto, no debe tomar estas revisiones al pie de la letra, pero al menos escucharlas. Entonces depende de usted resolverlo y formarse su opinión.

Concéntrese en las debilidades que pueden dificultar o impedirle alcanzar sus objetivos, y luego priorícelos. ¿Cuáles son críticos y cuáles son menores?

En general, las debilidades se pueden agrupar en dos categorías principales: Debilidades relacionadas con la psicología, estado de ánimo y debilidades técnicas.

Las debilidades técnicas son múltiples: Dominio insuficiente del software, idiomas, técnicas de venta o comunicación, legislación vigente... La única opción es formarse y los medios son numerosos, a menudo baratos gracias a Internet y los libros. Aprenda sobre los puntos que son importantes para su supervivencia y éxito, incluidos los que necesitará regularmente en el futuro. Si aprende un idioma, le llevará varios años de aprendizaje riguroso e intensivo: ¿Seguirá necesitando este idioma al final de su aprendizaje? Y si es así, ¿Por cuánto tiempo? Aprender un idioma que no le servirá es una pura pérdida de tiempo, a menos que su pasatiempo sea aprender idiomas y explorar nuevas culturas.

Las debilidades relacionadas con el estado de ánimo, con la psicología suelen ser las mismas. En primer lugar, el miedo. El miedo que paraliza, que le impide salir de su zona de confort, atrévase a seguir adelante, tomar iniciativas. Los medios para superar estas debilidades son múltiples y la mayoría de las veces, desaparecen a medida que se acumulan los éxitos. Lo más difícil es iniciar el círculo virtuoso. Los libros o entrenamientos (de aquellos que realmente han logrado algo) son formas interesantes. Las biografías de grandes figuras o empresarios también me fueron muy útiles, al igual que la filosofía estoica. Si conoce a un buen psicólogo o coach, esta puede ser una opción a tener en cuenta, pero tenga cuidado con los charlatanes que son más numerosos que los verdaderos profesionales.

También recuerde mi experiencia con el gran entrenador deportivo que me ayudó a recuperar la confianza en mí mismo. El deporte me ha ayudado a resolver problemas profesionales, aunque a priori las dos áreas no están relacionadas.

Finalmente, desarrollar sus habilidades y superar sus puntos débiles lleva tiempo: es una inversión. Así que concéntrese en sus debilidades, en los medios para remediarlas lo más rápido posible y al menor costo. Invierta su tiempo y esfuerzo en lo que valdrá la pena. Olvide el resto.

5.5. Amplíe sus herramientas para ahorrar tiempo, automatizar tareas básicas, centrarse en los documentos de alto valor

El tiempo es oro. Y hemos visto antes la importancia de tener tiempo.

Si su trabajo, como muchos oficios, tiene una serie de tareas repetitivas o simples, que se pueden automatizar, por ejemplo, con Microsoft Excel, entonces automatícelas. Cree sus propias herramientas, sus rutinas... a fin de ahorrar un tiempo valioso que puede utilizar para aprender, administrar proyectos de valor agregado o simplemente relajarse.

Si tiene un equipo bajo su responsabilidad, aproveche para delegarles tareas rutinarias y/o de bajo valor añadido. Concéntrese en las tareas de alto valor agregado, aprenda a tener éxito.

Cuanto más trabaje en proyectos y tareas complejas de alto valor agregado, más limitará la competencia, asegurará su trabajo y aumentará su valor en el mercado.

5.6. Deshágase gradualmente de lo que no genera valor agregado

Tal como mencionamos anteriormente, apunte solo a lo que genera valor e intente en la medida de lo posible a deshacerse de tareas que no son muy gratificantes, sin o con bajo valor agregado.

Además de desarrollar sus herramientas para automatizar lo que se puede automatizar, es posible que tenga la opción de delegar. Automatizar tareas en Excel es como delegar el trabajo a la computadora, a un algoritmo.

Si no puede delegar, transfiera. Su trabajo diario y su proyecto de optimización de costos toman mucho tiempo. ¿No podríamos confiar esta tarea (muy rutinaria y básica) al nuevo chico del departamento o a un asistente? Sería una pena que el proyecto de optimización de costes sufriera...

Negocie su carga de trabajo y limite su agotamiento en horas extras. Un verdadero profesional es alguien que vende su experiencia a través de un contrato. Cuando vaya al restaurante, el chef preparará lo que pidió. A veces le ofrecerá un café, un digestivo o un postre, pero nunca pasará otras dos horas detrás de su estufa para usted y gratis. Parece obvio para usted, sin embargo, ¿Cuántos ejecutivos trabajan horas extras todos los días? Dos horas extras al día son diez horas a la semana, que es un día largo.

Durante un año, esto representa casi cincuenta y dos largos días trabajados de forma gratuita. Es enorme.

Sin embargo, ¿Usted da la impresión de trabajar duro, de estar dedicado a su empresa? Detenga su comedia como La cabaña del tío Tom. Primero, nadie se deja engañar. Verá entonces cuánto se tendrá en cuenta su dedicación en el próximo plan social. Sea un profesional. Abogados, médicos, especialistas fiscales, consultores, expertos técnicos... cobran por el tiempo empleado porque son profesionales. Al no aceptar este principio, admite que no es bueno y tiene que compensar la falta de calidad con más cantidad. Además, pasa por una mula que se puede cargar sin límite, por un precio barato.

Sea profesional. Calcule su carga de trabajo compatible con el tiempo de trabajo de su contrato y refleje esta carga en sus objetivos anuales. Si se le asigna una tarea adicional, negocie.

¿Qué tarea no prioritaria desea su jefe retirarle para que pueda realizar una nueva tarea? ¿No se puede eliminar ninguna tarea? Entonces, hágalo por un aumento: Dar y recibir.

Provocar oportunidades. ¿Por qué no proponer una ligera reorganización de tareas que le permita trabajar más en proyectos que puedan aportar valor añadido? Su gerente podrá pensarlo y si le sigue, puede confiar una serie de sus tareas poco interesantes a otros colegas menos inclinados a protestar.

Un buen profesional crea valor añadido. Nunca será un buen profesional acumulando tareas que creen poco o ningún valor añadido. Así que necesita deshacerse de ellas. Estas tareas poco interesantes son bolas que le impiden despegar.

5.7.
Guarde cada vez más tiempo para usted mismo

La mula que ha estado agotada durante años por trabajar grandes horas extras todos los días, que a veces trabaja los fines de semana, rara vez es eficiente. No confíe en esta para hacer un recorrido, y mucho menos para ganar una carrera.

Para ser bueno, necesita ahorrar esfuerzo y fatiga. Cada día, sus primeras horas de trabajo son las más productivas. Cuantas más horas pasan, más se produce, pero cada vez de manera menos eficiente. Aquellos que han estudiado economía están familiarizados con este fenómeno comúnmente conocido como la disminución de la productividad marginal del trabajo.

Tampoco hay vida profesional y privada. Hay una vida con un tiempo para el trabajo, un tiempo para el descanso y un tiempo para el ocio. Y la vida, solo es una. Así que depende de usted equilibrarlo bien entre estas tres áreas. Una vida personal satisfactoria le ayudará a rendir mejor en el trabajo. Un trabajo en el que tenga éxito sin agotarse innecesariamente le ayudará a disfrutar de su vida personal con más intensidad. Las personas satisfechas son más exitosas, son más capaces de convencer a los demás: exudan energía positiva y seguirlas es agradable.

Trabajar duro por nada no tiene sentido. Trabaje inteligentemente sí. Trabaje duro e inteligentemente sí, pero por una causa que le apasione, por un objetivo de vida sólido.

Sea un profesional. Cumpla con su deber, respete su contrato de trabajo. Negocie sus aumentos y promociones basándose solo en sus resultados. No distribuya su tiempo gratis, porque es su vida la que distribuyes gratis. A menos que la considere inútil. No pida limosna, sino venda una inversión: Usted.

No tenga miedo al descanso. Es necesario. No hacer nada o ver una película tonta puede hacer mucho bien. La risa es esencial. El humor es un arma formidable para enfrentar la adversidad. No tenga miedo de necesitar momentos de soledad, solo para usted. Su cónyuge definitivamente también lo necesitará y no hay necesidad de estar juntos las veinticuatro horas del día para amarse sinceramente.

Su tiempo es un activo que posee. Invierta sabiamente. Cuanto más tenga, más podrá invertirlo en lo que es importante para usted y en lo que es útil para usted. El día perdido en horas extras estériles se puede invertir muy bien en dos horas de formación, tres horas en proyectos de valor añadido y el resto en descanso y ocio.

El valor de su tiempo es fácil de medir: Sus ingresos en relación con su tiempo de trabajo en horas. Usted conoce el precio de una hora de su tiempo. Cuanto más progresa, más este valor aumenta. Si plancha usted mismo y una hora de su trabajo vale $130, pierde dinero. Use el tiempo de planchado para usted y contrate a una persona que planche.

Finalmente, ahorre tiempo para aquellos que usted quiere. En lugar de pasar horas innecesarias en la oficina para desempeñar un papel que no le hará crecer, pase ese tiempo con su familia, aquellos que le aman y honran su amor compartiendo ese precioso tiempo con ellos.

¿No tienes tiempo para ellos? Entonces prepárese un día, para lamentarlo duramente.

6. Tomar riesgos, muy calculados

Tomar un riesgo es a menudo sinónimo de un acto peligroso, escabroso y, por lo tanto, evitable. Cuántas veces le han disuadido las personas que le dicen «¡Te estás arriesgando! No correr un riesgo es la mejor manera de nunca hacer nada en su vida.

Los que le disuaden con tales comentarios suelen ser los que ponen sus ahorros en el banco (y se despluman en comisiones por ello), forman «parejas zombis» sin amor real ni proyecto de vida, dan consejos sobre el amor sin haber conocido el amor, dan consejos sobre la gestión de la carrera sin haber tenido ningún éxito particular en la suya...

Estas personas no toman riesgos: Toman las peores decisiones de inmediato. Trabajan para su banquero y no para ellos mismos, se hacen infelices en pareja arrastrando a su cónyuge a una espiral de aburrimiento y arrepentimiento. Estas personas no progresan en sus carreras conformándose con escasos aumentos y títulos que a menudo no significan mucho, pero son suficientes para halagar su ego mezquino.

Sin embargo, cada acción diaria incluye riesgos. Cada vez que cruza la calle, corre el riesgo de tener un accidente con un vehículo. ¿Y qué hacer? Mirar a la izquierda, a la derecha y luego cruzar. Si llega un vehículo llega, usted evalúa su distancia, su velocidad y ve si tiene tiempo o no para cruzar. En otras palabras, se arriesga, pero, sin darse cuenta, toma un conjunto de medidas para que todo salga bien, sin accidentes. Usted está tomando un riesgo calculado. Y tomas docenas o incluso cientos al día sin darse cuenta.

Si quiere ir al otro lado de la calle, tendrá que correr un riesgo, calculado. Sobrevivir y progresar en la empresa, es lo mismo. Si quiere conseguir promociones, tendrá que correr riesgos calculados. Incluso si la tarea es más compleja que cruzar la calle, el principio es el mismo. Probablemente haya olvidado la primera vez que tuvo que cruzar una calle cuando era niño: No era tan simple como lo es hoy. Era pequeño, lo que hace que sea difícil, especialmente mirar por encima de los vehículos, y sin nunca lo haberlo hecho. Hoy en día, simplemente cruza la calle aplicando medidas de seguridad sin darse cuenta, reflexivamente. En su carrera, es lo mismo.

Aquí hay algunos riesgos y oportunidades que tuve que tomar. Al igual que la primera vez que crucé una calle, estaba asustado. Si no lo hubiera hecho, probablemente todavía estaría en una posición junior, poco interesante y mal pagada. Valió la pena haber tenido algunas emociones.

6.1. Elija sus proyectos, sus objetivos

Ya sea que administre proyectos a tiempo completo o administre algunos además de su trabajo diario, debe tener éxito en ellos. Muchos proyectos fracasan, ya sea porque han sido mal seleccionados o porque los riesgos asociados no se han evaluado lo suficiente.

En primer lugar, no se embarque en proyectos poco realistas o demasiado ambiciosos. A menos que sea el líder de un grupo grande con varios cientos o miles de personas calificadas para llevar a cabo su proyecto. La mayoría de las veces estará solo o acompañado por un pequeño equipo. Difícil en este caso revolucionar la empresa. Si está solo o con dos colegas para ayudarle, con una perspectiva de un año para el éxito, debe orientar con precisión su acción. Un proyecto piloto es ideal en tales situaciones. Elija aplicar su proyecto en un perímetro limitado y pequeño, ponga todos sus esfuerzos en él. Aumentará significativamente sus posibilidades de éxito, y en caso de derrota, dado el pequeño tamaño del proyecto, nadie notará que ha fracasado. Si tiene éxito, podrá extender gradualmente su enfoque a un perímetro cada vez más importante que asegurará su futuro y su evolución durante varios años. Comience poco a poco y a continuación expándase.

Asegúrese de embarcarse en un proyecto que tenga un valor añadido real, es decir, que genere ahorros o facturación adicional para la empresa. Rehacer un folleto informativo que no aumente las ventas, ahorre dinero o ahorre tiempo es inútil: Solo está perdiendo el tiempo y el dinero de la empresa. Por no hablar de que se desacredita demostrando que no tiene nada que hacer más que dedicarse a actividades inútiles.

Evalúe cuidadosamente sus fortalezas y debilidades para lograr su proyecto. Tómese el tiempo para hacer este trabajo preliminar esencial. Simule en su cabeza la realización del proyecto: ¿Qué necesito exactamente? ¿Cómo lo consigo? ¿Cuánto tiempo se tarda? ¿Quién, o qué, puede bloquear cada paso? ¿Cómo afrontarlo o evitar el obstáculo? En resumen, piense varias veces en cómo hará realidad su proyecto antes de comenzar.

No descuide los elementos adversos a los que probablemente tendrá que enfrentarse como la resistencia al cambio, las relaciones tensas entre los individuos o departamentos, las personas entusiastas al principio que no responden a las expectativas en pleno camino... Incorpore la incertidumbre en su plan, lo que Clausewitz llama «fricción». La gestión de un proyecto es lo opuesto a la mecánica relojera de precisión. Gestionar un proyecto significa perseguir un objetivo en un camino plagado de trampas e imprevistos.

No subestime el riesgo de que su proyecto sea robado por otra persona. Algunos individuos son profesionales para apropiarse del trabajo de otros. Otros son expertos en el arte de monitorear proyectos en curso y unirse a ellos una vez que ya no hay ningún riesgo para ellos, la mayor parte del trabajo ha sido realizado por otros y el éxito del proyecto es inminente. Su supervisor directo puede caer en estas categorías.

Así que elija bien sus proyectos teniendo en cuenta estos elementos cuya lista está por supuesto lejos de ser exhaustiva. Evalúe sus fortalezas y debilidades, los riesgos y oportunidades de cada uno de los proyectos en los que planea embarcarse.

Al hacer este trabajo de focalización, tenga mucho cuidado de no ser disuadido por obstáculos reales o potenciales. No piense si puede o no llevar a cabo un proyecto de este tipo, sino cómo puede lograrlo. No piense si debe o no iniciar un proyecto porque implica riesgos, sino cómo superar o evitar esos riesgos. De lo contrario, puede terminar con una mente que le paraliza, le mantiene quieto y, por lo tanto, le expone al peligro. Actúe con sus proyectos como un depredador: tiene un objetivo, depende de usted lograr alcanzarlo.

6. 2.
Legitimar sus proyectos y dar a conocer esta legitimidad

Nada es más peligroso que participar en un proyecto en el que usted no es a priori legítimo. Es un movimiento de póquer al final del cual usted puede salir rico o arruinado.

Aquí no jugamos al póker, a menos no como aficionados. Tomamos únicamente riesgos minuciosamente calculados.

Si su función naturalmente le permite participar en proyectos, las cosas son relativamente simples. Si puede participar en proyectos transversales, es decir, involucrando a varios departamentos fuera del suyo, es más que deseable que los jefes de estos departamentos den su consentimiento previo. En cualquier caso, asegúrese de la bendición previa de la administración.

Si su función no le permite naturalmente participar en tales proyectos, tendrá que actuar de manera diferente. Como mencionamos anteriormente, deberá garantizar el soporte de su N + 2 y luego su N + 1.

Si su proyecto está respaldado por su jerarquía, es decir, al menos su N + 1 y N + 2, e idealmente por la dirección, los riesgos de que su proyecto sea pirateado se reducen considerablemente, porque tiene el mandato de actuar y solicitar cooperación dentro de la organización. También será más difícil para alguien retrasar su progreso creando obstáculos. Al hacerlo, su oponente corre el riesgo de obstaculizar a la jerarquía o incluso a la dirección, lo que rara vez es una buena idea.

Si su trabajo se trata más de ejecutar que de contratar y administrar proyectos, deberá legitimar sus solicitudes para comprometerse con proyectos. Su jerarquía puede sentirse algo nerviosa por permitirle embarcarse en una aventura para la que no necesariamente ha demostrado su valía y cuyo resultado es incierto. Por lo tanto, debe tranquilizar y convencer a su jerarquía.

En primer lugar, su trabajo debe ser impecable. Si su trabajo está bien hecho, sólido, confiable en el tiempo, su gerencia tendrá mayor confianza en usted.

Entonces su diagnóstico de la situación debe ser robusto, las ganancias tangibles y las acciones simples y realistas. Además de tener confianza en usted mismo, su jerarquía tendrá confianza en su proyecto.

Maneje las objeciones. ¿Qué tenemos que perder? Nada. Usted asume la responsabilidad. No afectará su trabajo diario. Organiza los puntos de las etapas siendo transparente sobre los éxitos y dificultades encontradas, explicando cómo simplemente superará las dificultades. Los gerentes rara vez son empresarios y tienden a tener una fuerte aversión al riesgo. Al hacerlo, usted los tranquiliza y los anima a legitimarle para gestionar sus proyectos.

Cuando su posición es esencialmente una posición de ejecución, comience lentamente. No dedique más del 10% de su tiempo a sus proyectos. En primer lugar, para empezar con seguridad. Mejor aprender a disparar primero en un campo de tiro que en medio de un campo de batalla... Entonces, su gerencia no tendrá miedo de que su trabajo diario se vea afectado, que es la prioridad. Finalmente, al administrar proyectos solo marginalmente, su N + 1 realmente no se sentirá desafiado por sus éxitos potenciales. Cuando sus primeros proyectos se hayan completado con éxito, aumente lentamente la proporción de proyectos en su vida diaria, sin olvidar reflejarlo en sus objetivos anuales. Después de algunos años de éxito, puede terminar fácilmente trabajando en estos proyectos el 50% de su tiempo. Aumente gradualmente la proporción hasta un 50%.

Con el transcurso del tiempo, son las oportunidades de promociones, internas o por cambio de empresa, las que tendrá que considerar.

La legitimidad se gana poco a poco, con el tiempo y la capitalización de los éxitos.

6.3. Darse a conocer por la alta dirección

Son otros, incluida su jerarquía, los que le reconocen como profesional. Recuerde a los autoproclamados falsos expertos, a veces en el armario, que no crean valor. Esta rara vez llegan lejos.

Ser reconocido como un profesional aportando un valor añadido real por parte de la alta dirección es una consagración. Si la alta dirección lo identifica como una inversión para la empresa, estos son los comienzos de una aceleración de carrera (y salario).

A menos que su posición lo lleve a codearse con los miembros de la alta dirección, trate de acercarse lo más que pueda.

Recuerde los ejemplos anteriores de chats rápidos en el ascensor o frente a la cafetera. Trate de aprender más sobre los desafíos que se avecinan, incluidos aquellos en los que usted puede ayudar a mejorar la situación. Si algunas dificultades están relacionadas con su departamento, esta es una excelente oportunidad para ofrecer sus servicios...

Si tienes actividades fuera de la empresa que son comunes a las de algunos altos directivos, puedes utilizarlas para acercarte a ellas. Club deportivo o artístico, asociaciones benéficas o políticas, círculo de amantes del vino, licores o puros, asociaciones diversas... son todas oportunidades para compartir momentos comunes y así crear vínculos. Sin embargo, tenga cuidado, manténgase auténtico. No vaya a un club de puros si el humo le molesta. Tampoco se involucre en el club de fútbol de un dirigente si no sabe jugar al fútbol: Si hace perder a su equipo por su mediocridad, probablemente no servirá a sus intereses. Solo realice actividades que le gusten y disfrute. No lo haga solo por interés profesional: Se verá de inmediato.

Intente estar en reuniones donde los dirigentes participan, para que su rostro se dé a conocer. De vez en cuando, no dude en hacer una pregunta, por ejemplo, para comprender mejor los problemas o los orígenes de un problema que podría convertir en una oportunidad de proyecto. Con respecto a un tema en la agenda en el que sospecha que un proyecto tiene la oportunidad de probarse a sí mismo, prepare el tema y, si se confirma que existe una oportunidad, proponga durante la reunión profundizar en el asunto. Puede preparar un informe numérico antes de la reunión para reforzar el problema, justificar aún más la necesidad de actuar y ofrecerse como voluntario para profundizar en la materia.

Hágase notar durante las sesiones de agradecimiento de aquellos que le ayudaron enviando una copia al alto directivo del que dependen, a menos que, por supuesto, la distancia sea demasiado importante. Cuando usted es un empleado de una filial en España de un gran banco alemán, puede copiar tales agradecimientos de los miembros de la administración local, puede ser inapropiado incluir al presidente del grupo en Frankfurt. Depende de usted encontrar el equilibrio adecuado.

La gestión de Recursos Humanos también es una buena manera si no tiene acceso directo a la alta dirección. Con mucha frecuencia, tendemos a equiparar el departamento de Recursos Humanos con el reclutamiento, la nómina y el despido, olvidando que una de las misiones de este departamento es retener el talento. Además, con sus resultados de años anteriores, podrá justificar y negociar sólidamente sus solicitudes de aumento y / o promoción. Si estos son fuertes, los Recursos Humanos los retendrán y los someterán a revisión y aprobación de la gerencia que tendrá la oportunidad de conocer su nombre y logros.

Hacerse notar por la gerencia es esencial y los medios son múltiples. Descuidar este aspecto es un riesgo que puede hacerle perder el tiempo y oportunidades preciosas, ya que, a menos que su N + 1 sea miembro de la alta gerencia, rara vez tiene el poder (y la voluntad) para impulsar su carrera.

6.4. Gestione la relación con su N+1

La relación con su N+1 puede ser sencilla y muy buena, al menos en apariencia. También puede ser infernal.

Recuerde que estamos en un entorno competitivo, no colaborativo, aunque los discursos oficiales aboguen por el espíritu de equipo. Si los jugadores de un equipo tuvieran tal espíritu de colaboración, no habría necesidad de un capitán.

Tenga en cuenta los objetivos de los diferentes tipos de gerentes mencionados anteriormente y algunos principios fundamentales.

Uno, su N+1 es su jefe. Él no es su amigo. Tampoco es un gurú a seguir ciegamente. Puede ser bueno o malo, técnica o humanamente. Puedes admirarlo u odiarlo. En cualquier caso, él es su jefe y el día que tenga que elegir entre proteger su cabeza o la suya, su decisión no será fruto de una larga reflexión, sino de un simple reflejo de supervivencia. Además, a menudo he observado que durante un conflicto entre un empleado y su N + 1, la gerencia tiende a estar de acuerdo con el N + 1.

El riesgo aquí es administrar mal esta relación evitando que su N + 1 se vea afectado por su ambición y evitando que se convierta en un adversario. Su supervivencia está en juego, al igual que su éxito.

Primero, le debe respeto. Una sanción disciplinaria por falta de respeto no es una buena opción para sobrevivir, y mucho menos para tener éxito. Si la relación es buena, no hay de qué preocuparse. Si no, esfuércese en saludar, despedirse, dar las gracias, pedir el favor, sostenga la puerta o sostenga el ascensor, como cortesía.

Después, necesita entregar el trabajo esperado. Este trabajo debe ser de calidad, confiable, irreprochable. Usted no debe ser criticado por la calidad de su trabajo. Respete su tiempo laboral, sin excesos. Asegúrese de que sus metas anuales sean compatibles con el tiempo previsto en su contrato, corre el riesgo de no poder alcanzar metas irrazonables exponiéndose de esta manera y también pierde tiempo para proyectos o para usted mismo. Si su relación es buena o mala con su N + 1, estos pocos principios simples son esenciales: Su desempeño debe basarse en hechos tangibles y objetivos, eliminando así cualquier subjetividad. También garantizará que su N+1 no le reproche el incumplimiento de sus propios objetivos: Este enfoque es ganador para todos.

Triunfe en sus proyectos. Le ayudarán a tener éxito, asegurando su posición mientras abre nuevos horizontes para el éxito. Su N+1 se beneficiará de los beneficios de estos logros.

Apoye a su N+1 cuando necesite ayuda. Si lo siente en dificultad, en mala postura, comuníquese con él ofreciéndole ayudarlo. Si está en una mala posición en una reunión, ayúdelo a salir adelante. Si se hizo criticar en un documento, puede explicar que se realizó un trabajo importante, pero que el tiempo permitido fue insuficiente para refinarlo. Solicite tiempo adicional para finalizarlo e incorpore las sugerencias relevantes planteadas durante la reunión. Por supuesto, si la situación es peligrosa y su apoyo a su N + 1 puede ponerlo en riesgo, mantenga su distancia para no ponerse en riesgo también. Finalmente, si su N + 1 quiere su pellejo, no tiene ninguna razón para acercarse a él más que darle una mejor oportunidad de causar su pérdida.

Hay tantos N +1 como personalidades diferentes. Por lo tanto, es imposible generalizar lo que no impide la precaución. Las playas tranquilas y soleadas del Caribe son las mismas que experimentan terribles ciclones cada año.

Por el contrario, prepárese para el riesgo de que la relación se deteriore o incluso se convierta en conflicto. Esta no es una regla general, por supuesto, solo un riesgo que es prudente considerar. Si todo va bien, sus esfuerzos para evitar este riesgo le habrán ayudado a mantenerse más sereno. Por el contrario, si la situación se vuelve tumultuosa, sus esfuerzos revelarán su utilidad.

En primer lugar, no se quede completamente dependiente de su N+1. Dese a conocer y desarrolle el vínculo con su N+2 o incluso N+3. Asegúrese de que estén al tanto de lo que está trabajando y los problemas asociados. Esto evitará que su N + 1 se apropie, a menudo sin su conocimiento, de sus logros.

También debe mantener una estrecha relación con el departamento de Recursos Humanos. Si el gerente de Recursos Humanos es inaccesible para usted, manténgase en contacto con la persona que sigue su expediente de carrera dentro de la empresa. Hágales saber en qué está trabajando, sus proyectos actuales, las pérdidas o déficits asociados, las ganancias esperadas.

Y, en términos más generales, asegúrese de que la mayor cantidad de personas posibles estén al tanto de lo que usted está trabajando, las pérdidas o deficiencias asociadas, las ganancias específicas. También comunique, aunque signifique repetirle como hago a menudo, sobre sus logros y las sumas reportadas a la empresa. Esto contribuirá a su aura y hará que la tarea de un N + 1 malicioso en su contra sea mucho más compleja.

No entre en un clan. La compañía a veces está formada por clanes rivales. Siempre hay un perdedor y un ganador. Y un recién llegado siempre puede convertir al ganador de un día en un futuro perdedor. Incluso si su relación es tensa con su N+1, no se lance a los brazos acogedores de un posible clan opuesto. Manténgase en buenos términos con todos los clanes permaneciendo neutral, solo enfocado en los resultados tangibles de un trabajo bien hecho. Esto no le impide compartir ocasionalmente con algunos las dificultades que encuentra y, siempre que sea posible, indicarle lo que le cuestan sus tensiones con su N+1 a la empresa...

El tiempo es a veces un excelente aliado. Su N+1 que le estaba haciendo sentir miserable acaba de anunciar su dimisión o su traslado a otro puesto. Esto permite que sus problemas se resuelvan por sí mismos. Digo «puede» porque todo el mundo sabe lo que pierde, no necesariamente lo que ganará: El sucesor de este odioso N+1 bien podría ser similar, o incluso peor que su predecesor.

Si su N+1 empeora cada vez más, se aferra como un caracol a un poste pareciendo inquebrantable, si la situación parece desesperada y usted sufre, considere ir a otra parte. Si usted ama su empresa, busque oportunidades internamente. De lo contrario, esté (discretamente) atento al mercado, utilice su red, comience a postular a ofertas de trabajo en otras empresas.

Personalmente, tuve una multitud de jefes. Competentes e incompetentes, directos y tortuosos de espíritu, valientes y cobardes... Vi bastantes perfiles. En el 50% de los casos, todo iba bien, o incluso muy bien, sin ningún problema. En el 30% de los casos, la situación era «normal», es decir, ni buena ni mala. En el 20% de los casos, la situación era tensa y claramente sufrí.

Una vez más, no es posible generalizar situaciones que son únicas para cada persona, sus contextos, sus historias. Aquí comparto solo algunas lecciones de mi experiencia personal. Sufrir en el trabajo debido a un N+1 hostil y que está en su contra es una realidad para muchos. Generalmente, las discusiones para tratar de arreglar la situación no tienen éxito, porque son causas más sutiles, menos confesables que con mayor frecuencia están en el origen de tales situaciones.

De nada sirve hacerse ideas oscuras si su relación con su N+1 es buena. Solo tenga cuidado y nunca olvides quién es: Su jefe.

6.5.
Tomar una nueva posición, cambiar de compañía

Si durante la mayor parte del siglo XX era común hacer una carrera dentro de la misma empresa, esta se convierte en la excepción que no confirma la regla en el siglo XXI. Ya sea por la pérdida de su trabajo o por una oportunidad de desarrollo, tendrá que tomar un nuevo puesto probablemente más de una vez durante su carrera profesional.

A menos que, por supuesto, haya perdido su trabajo, tomar una nueva posición implica tomar algunos riesgos que deben calcularse correctamente.

El primero de los riesgos es el miedo que pueda sentir de no estar a la altura para este nuevo puesto. Se le piden ciertas habilidades y experiencias que no tiene. No merece un salario más alto. Tendrá que cambiar de departamento, o incluso de empresa, mientras que actualmente su situación es cómoda, conoce la empresa donde se encuentra y ha hecho amigos entre sus compañeros. Es demasiado difícil. No es para usted. Y efectivamente, pensando de esta manera, la posición no será para usted, porque estará completamente desmotivado, aunque solo sea para enviar su solicitud. Pasará más tiempo encontrando excusas para no actuar y lamentándose que solicitando esta tentadora posición. Recuerdo esta cita de Richard Branson: «Si alguien te ofrece una oportunidad increíble y no estás seguro de que puedas hacerlo, di que sí. Entonces puedes aprender a hacerlo». Mi experiencia le dio la razón. Nunca tuve más del 80% de las cualidades y habilidades requeridas para los puestos que conseguí. A veces tenía el 100% de las habilidades requeridas para puestos que nunca obtuve. ¿Está tentado por la posición? ¿Quieres evolucionar? Así que, ¡adelante! Aproveche la oportunidad. Sufrirá durante los primeros seis meses, un poco menos los próximos seis meses y terminará evolucionando naturalmente como un pez en el agua en su nuevo entorno. Habrá dado entonces un gran paso: Habrá progresado en su carrera, probablemente ganado en salario, adquirido nuevas habilidades, nuevas experiencias y, sobre todo, habrá superado su miedo.

El segundo riesgo es dejar la empresa a la que pertenece. Al menos, esa es su sensación. Está dejando un entorno conocido por un entorno desconocido. A menudo, rompe un contrato de trabajo que le parecía estable para entrar en un período de prueba por definición incierto. Tienes miedo (una vez más) de no estar a la altura de la tarea y no tener éxito en este período de prueba. Personalmente, no he visto a muchas personas fallar durante sus períodos de prueba. Por otro lado, vi a cientos de licenciatarios que pensaban que estaban firmemente anclados en sus posiciones y que no veían venir nada. Estadísticamente, por lo tanto, es más probable que sea despedido de su posición que fracasar durante un período de prueba.

El tercer riesgo es ir a trabajar para una empresa poco confiable o incluso especulativa (especulativa, es decir, una empresa que en cualquier momento puede cerrar o posiblemente recuperarse). Es usted entonces como el ratoncito frente a un delicioso trozo de Gruyère colocado en una trampa. Debe hacer un trabajo de información preliminar e indagar sobre la historia de la empresa, su sector, su reputación, opiniones sobre la calidad de sus productos y servicios, la evolución de su facturación y rentabilidad, su posible pertenencia a un gran grupo que pueda intervenir en caso de un duro golpe u ofrecerle perspectivas de recuperación... Esto le dará su propia opinión sobre la base de elementos fácticos. Entonces será más fácil para usted hacer su elección: ¿Aplicar o no? En cualquier caso, no se lance de cabeza solamente por la emoción.

Un cuarto riesgo es la nostalgia por su antiguo empleador. Se arrepiente de los buenos viejos tiempos. Antes era mejor. Excepto que usted está en el presente, con su empleador actual. No los compare abiertamente y mire hacia el futuro. De lo contrario, es posible que algún día alguien le pregunte por qué vino y no se quedó dónde estaba. Si ha adquirido conocimientos, habilidades, técnicas de sus experiencias anteriores y estas pueden mejorar las cosas en su nuevo negocio, guárdelas para usted por un tiempo. Observe bien la situación durante unos meses, pruébelo. Use estos activos ocultos bajo su manga para establecer proyectos que lo valorizarán.

Como regla general, ya sea que tenga la oportunidad de crecer internamente o en otra empresa, considérelo seriamente. Algunas oportunidades solo surgen una vez. Calcule sus posibilidades de éxito y si tiene alguna duda, piense en Richard Branson.

6.6.
Expatriarse

Y por qué no ir directamente... ¿al extranjero?

La primera vez que me fui a vivir al extranjero no fue por elección. Fueron los acontecimientos, incluido el hecho de que no pude encontrar un trabajo en mi país, los que me empujaron a mirar más allá de las fronteras. El miedo al cambio me enfermó, especialmente porque no dominaba el idioma local a pesar de años de clases. El cambio ha sido difícil. Vivir en una nueva ciudad, con un nuevo idioma, una nueva cultura, solo, rodeado de extraños es un verdadero calvario. Quienes lo han experimentado saben exactamente de lo que estoy hablando.

Sin embargo, nunca me he arrepentido de esta elección que me permitió acelerar radicalmente mi carrera, hacer mi vida más brillante y vivir varias vidas en una.

Una vez más, el mayor riesgo es permanecer paralizado por el miedo a tomar medidas. En lo que a mí respecta, fueron los eventos los que me empujaron a irme, de lo contrario probablemente nunca lo habría hecho sin saber lo que me iba a perder. Si ahora ya no tengo miedo de pasar de un país a otro, es porque lo hice una vez y sé, aunque nunca es sencillo, que tengo mucho que ganar. Casi todos los expatriados que conozco están en la misma situación: Si tuvieran que hacerlo de nuevo, lo volverían a hacer sin dudarlo.

Sin embargo, hay algunos requisitos previos a considerar.

Primero, debe estar listo para dar el paso. «Usted» incluye a su familia si no está solo. ¿Está su familia lista para seguirle a un nuevo país, posiblemente hablando otro idioma, posiblemente teniendo una cultura muy diferente a la suya? ¿Está su familia lista para alejarse de los abuelos? Si su cónyuge está en una buena posición, ¿lo seguirá? ¿Cómo será la vida de su cónyuge en este nuevo país? La oportunidad que impulsa su carrera también puede romper su relación si no ha considerado seriamente el tema.

Una vez que su entorno esté listo para seguirle, la aventura le espera.

Asegúrese, a menos que esté listo para comenzar su propio negocio, de obtener un contrato con un gran grupo internacional o local. Reiteradamente, las empresas locales están dispuestas a ofrecer una excelente remuneración para atraer talento, así que no se centre solo en las empresas locales de su país. Además de una buena remuneración, con frecuencia incluye muchos beneficios como vivienda, cobertura de salud de alta gama, pago de sus impuestos por parte de su empleador... Es muy posible que tenga la oportunidad de ocupar puestos que no habría ocupado en su país de origen. Y esto es un plus fundamental. Su empleador generalmente lo acompañará para dar el paso y le ayudará a establecerse, ya sea él mismo o a través de una empresa especializada.

El beneficio es generalmente alto. Sin embargo, tenga cuidado con ciertos riesgos que pueden comprometer su integración.

Usted va a un país que no es el suyo, que tiene su propia cultura, reglas y, a veces, otro idioma. Considérese un huésped y cumpla con las reglas locales. En lugar de criticarlos, trate de entender su origen. Aprenderá mucho, especialmente sobre usted mismo. Lea sobre la cultura local antes de irse y una vez allí pida consejo a los lugareños sobre cómo hacer las cosas correctamente en esta o aquella situación. Estarán encantados de ayudarle. Si no está planeando aprender un nuevo idioma, aprenda al menos algunas palabras y frases, aunque solo sea por respeto y para mostrar su voluntad de encajar. Si los temas son tabúes, como temas políticos o religiosos, no los aborde. Por el contrario, trate de entender el origen de la diferencia. Es posible que se sorprenda de sus propias ideas preconcebidas y otras convicciones.

Cuidado con el país al que va. Algunos países son políticamente inestables, a veces cerca de la guerra civil, usted mismo y su familia pueden ponerse en riesgo. Prefiera países estables, si no es el caso, esté listo para alejarse ante las primeras señales amenazantes.

Respete las leyes locales y pregunte sobre ellas antes de ir. Puede consultar guías, sitios web que incluyen los de las embajadas. Lo que para usted parece normal puede estar prohibido en algunos países. Una botella de whisky escocés puede causarle serios problemas en algunos países del mundo. Al igual que el consumo personal de estupefacientes, que en algunos países puede ocasionarle una fuerte multa, unos meses de prisión, o la pena de muerte.

Con el tiempo, puede experimentar un poco de desarraigo. Lejos de sus ojos, lejos de su corazón, gradualmente se alejará de su país de origen y mantendrá solo un contacto reducido con sus seres queridos. A fuerza de pasar tiempo dentro de la cultura local, probablemente terminará adoptando algunos rasgos. Si usted conoce en este nuevo país a su nuevo cónyuge, el carácter diferente de su pareja le producirá agradables sorpresas, pero también ciertas tensiones que solo la (a veces larga) paciencia puede evitar.

Mudarse al extranjero es, en mi opinión y en la opinión de la mayoría de los expatriados, una oportunidad excepcional. No solo tendrá una oportunidad única para impulsar su carrera y su compensación económica, sino también la oportunidad de poder vivir otra vida, a veces un nuevo comienzo. Muchos expatriados no quieren volver a su vida anterior, en su país de origen. Esto no es sin razón.

Y vivir varias vidas en su propia vida, especialmente en condiciones agradables y cómodas, es una oportunidad que no debe perderse. De nuevo, desde mi punto de vista.

6.7. Comience su propio negocio

¿Quién nunca ha soñado con convertirse en su propio jefe? La idea probablemente pasó por su mente como lo hicimos ya la mayoría de nosotros. Esta opción puede ser el camino hacia el éxito y la felicidad, pero también el camino a los tiempos difíciles. Otro riesgo a calcular bien antes de actuar.

Para empezar, no se lance a un capricho o un flechazo. Comenzar su propio negocio requiere un proyecto sólido y bien preparado. He visto a muchos antiguos compañeros, ingenieros o financieros, que tras un golpe profesional decidieron dejarlo todo y abrir su restaurante. Ninguno de ellos lo logró y la mayoría lo perdió todo. Incluso si puede cocinar bien para seis personas, cocinar para cincuenta personas al mismo tiempo es otro desafío. Un cocinero profesional frecuentemente ha tenido que pasar varios años de formación, esto tiene una razón. Por no hablar de que hay que gestionar proveedores, contabilidad, comunicación, temas de salud y seguridad, personal... y al mismo tiempo lograr que el negocio sea rentable.

Ya sea que decida lanzar su restaurante, un servicio o una actividad de consultoría, debe asegurarse de su capacidad para tener éxito. No se trata solamente de su motivación, sino también de la motivación de sus clientes potenciales para utilizar sus servicios y pagarle lo suficiente. Debe tener una demanda frente a usted, preferiblemente duradera. Así que tenga cuidado con las recesiones económicas, los cambios técnicos o tecnológicos y los efectos de la moda. También debe tener un capital sólido para financiar el lanzamiento y, si es necesario, de seis a veinticuatro meses de actividad. Posteriormente, su fondo de operaciones debe ser capaz de permitirle financiar al menos tres meses de actividad en caso de tener un evento imprevisto, y también para permitirle reaccionar.

Cada vez más empleados, especialmente gerentes de cierto nivel, se convierten en consultores para su antiguo empleador. Esta opción puede ser interesante sobre todo si gana más económicamente o en tiempo libre. Puede ser aún más interesante si puede acumular varios clientes para comenzar y asegurar unos años de actividad bien pagada.

Sin embargo, ser autónomo significa asumir todas las cargas, administrativas y fiscales. En ciertos países, usted debe las pagar cotizaciones sociales en el mismo momento de la inauguración de su negocio, cuando aún no ha generado ni un solo dólar en facturación. Su actividad, a menos que tenga un equipo, no se ejecutará cuando usted esté enfermo o de licencia. Probablemente tendrá que trabajar mucho más que antes, no solo por la carga administrativa que antes pagaba su empleador, sino también porque sus clientes serán cada vez más exigentes y apurados. Si tiene varios clientes, su carga de trabajo corre el riesgo de explotar.

En tiempos de reducción de costos, las empresas se enfocan en los consultores en primer lugar. Después vienen los trabajadores temporales y por último los empleados fijos. Por lo tanto, en tiempos de condiciones económicas adversas, usted puede ser uno de los primeros en verse afectado. También está expuesto al riesgo de un cambio de interlocutor encargado de las relaciones con su cliente. Es posible que su nuevo interlocutor desee continuar la colaboración con usted, o incluso desarrollarla. También puede optar por reducirlo o terminarlo, por razones objetivas o no objetivas.

Tener una idea, un proyecto, ambiciones, soñar es fundamental y cada uno de nosotros sueña con la independencia. Solo necesitamos asegurarnos de que nuestras acciones permitan hacer realidad estos sus sueños y que estos no se conviertan en pesadillas. ¿Quiere independizarse? Entonces, fórmese bien. Prepare un plan de negocios sólido para su proyecto con hipótesis pesimistas, analice sus fortalezas y debilidades, riesgos y oportunidades, prevenga riesgos y piense en cómo concretizar las oportunidades.

Una vez este trabajo de capacitación y de análisis ha sido efectuado, podrá tomar una decisión más rápida. Para hacer este trabajo, necesitará los elementos mencionados anteriormente en este libro: Un sueño, una meta, un estado de ánimo, habilidades sólidas, un gusto por el trabajo bien hecho, tiempo (mucho tiempo), una capacidad real de escuchar y observar para identificar oportunidades y amenazas, salud y un buen entorno para apoyarle.

7. Comunicar, comunicar, comunicar

Con frecuencia escucho «¡La comunicación es solo viento!» En ese caso, ¿Por qué la publicidad está tan presente en nuestra vida cotidiana? ¿Por qué los políticos llevan a cabo campañas electorales tan caras? ¿Por qué las empresas gastan tanto en comunicación? ¿Y por qué nos comunicamos tanto?

Simplemente porque funciona. A todos nos encanta soñar y todos aspiramos a una vida más serena y cómoda. Los políticos que llevan a cabo una buena campaña son elegidos. Una buena campaña publicitaria impulsa las ventas de los productos más insignificantes. ¿Cómo puede el azúcar y el agua con sabor venderse, por tanto, sugiriendo una experiencia mágica siendo kilos de más? Porque la publicidad funciona.

También piense en la efectividad del boca a boca. Es la mejor publicidad que hay: Es viral. Piensen también en la cantidad de tonterías a las cuales casi todos nosotros somos llevados a creer, simplemente porque a fuerza de repetición, la ineptitud se convierte en creencia o verdad en nuestras mentes insuficientemente iluminadas.

Para usted que quiere tener éxito, y no solo sobrevivir, no puede permitirse perder un instrumento promocional tan poderoso como la comunicación. Además, si usted es bueno en lo que hace y sus proyectos han creado un fuerte valor añadido para la empresa, pero nadie sabe, al final, ¿Para qué sirve?

Usted es un producto en un mercado. Es una inversión en un mercado. Los demás necesitan saber esto. Tiene que hacérselos saber, en permanencia.

7.1. Muestre su efectividad en las reuniones

Las reuniones son un momento importante para su comunicación. Debe ser profesional. Sus intervenciones deben centrarse en hechos, acciones concretas, resultados, simplicidad.

Cuanto menos hable, más se notarán sus intervenciones. Si habla para evocar observaciones precisas, acciones simples y realistas, sus palabras serán escuchadas. Si usted es un profesional reconocido dentro de la empresa, sus palabras no solo serán escuchadas, sino que su opinión pesará en las decisiones que se tomen.

Los que hablan constantemente, monopolizan la palabra, proponen proyectos caros basados en vagas observaciones o teorías, los que nunca han logrado nada más que discursos vacíos... terminan sin ser escuchados. A veces incluso se convierten en el hazmerreír de la empresa, payasos cuya inutilidad gana un poco más de visibilidad con cada una de sus intervenciones. Escuche, tome notas. Busque comprender los puntos de vista, identificar los desacuerdos y sus orígenes reales. Busque y proponga soluciones de consenso, haciendo que todos ganen y usted primero.

Limite sus discursos a unos pocos minutos y vaya directo al grano. Si tiene que hacer una declaración, mantenga solo tres puntos esenciales respaldados por cifras sólidas. Si tiene que proponer una acción, recuerde rápidamente la observación, las cifras de apoyo, recuerde la (s) causa (s) que su acción propone apuntar y la ganancia esperada. Ofrezca sus servicios. Sea claro, eficaz y demuestre que usted es alguien que actúa.

Como mencionamos anteriormente, las reuniones son una gran fuente de oportunidades. Sepa aprovecharlas. Solo vaya a reuniones donde sea útil o pueda identificar oportunidades. A menos que se vea obligado a asistir a una reunión innecesaria, evite perder el tiempo simplemente asistiendo. Tiene mejores cosas que hacer, y para su imagen, es mejor que nunca se asocie con los campeones de las reuniones innecesarias.

7.2.
Hágase conocer frente a la jerarquía

Lo hemos visto muchas veces a lo largo de este libro: Debe ser visible y estar en contacto con su jerarquía. Su N+1 por supuesto le conoce, pero su N+2, su N+3 debe saber que existe, lo que usted es, lo que ha logrado y lo que aún puede lograr. Idealmente, la gerencia debería conocerle.

Sus intervenciones en reuniones, sus logros, su visibilidad en el panorama de la empresa le ayudarán en esta tarea que lleva tiempo y requiere tacto.

Si le cuesta darse a conocer frente a la jerarquía, no se olvide de los Recursos Humanos. Sus solicitudes anuales de evaluación, resultados, promoción y aumento se envían sistemáticamente para su aprobación a su jerarquía, quien indirectamente aprenderá quién es usted. Esto es tanto más cierto cuanto que, cada año, su balance es positivo y su valor añadido, cuidadosamente medido, aumenta.

7.3.
Hágase conocer por todos los empleados y gerentes

Para humedecer la tierra en una maceta, puede regar desde arriba o apostar por la capilaridad. Darse a conocer, es lo mismo. Es aún mejor conocerle tanto desde arriba como desde abajo.

Anteriormente, hablábamos de cómo mantener el enlace, desarrollar su red y obtener información en la empresa en torno a la máquina de café, un almuerzo o una bebida después del trabajo. Aproveche estos momentos para comunicar también sus logros, con algunas figuras clave que lo respalden. Muestre lo que ha logrado sin caer en una arrogancia excesiva.

La información eventualmente se difundirá. Se sumará al feedback de las personas que trabajaron con usted en los proyectos, los directivos que conoció o informó durante los momentos de agradecimiento, las reuniones en las que participa... contribuyendo así un poco más a su reputación.

7.4. Darse a conocer a terceros

A pesar de sus esfuerzos, es posible que su empresa no pueda o no esté dispuesta a promocionarlo o, lo que es peor, continuar la aventura con usted. También puede estar considerando su futuro en otra empresa, incluida una nueva industria. Incluso si las ofertas de trabajo representan un grupo importante de oportunidades, a menudo es el boca a boca y las recomendaciones personales las que dan los mejores resultados.

Los proveedores de servicios, proveedores y otros socios de su empresa muchas veces trabajan con otras empresas, competidores o no. Imagine por un momento que es un director financiero y está buscando un gerente de contabilidad. A menos que tenga a la persona adecuada en la empresa, probablemente le preguntará a su empresa de contabilidad, a sus seres queridos si no conocen a alguien con el perfil deseado.

Si trabaja con proveedores de servicios externos, debe mantener el vínculo con ellos. Almuerzos, bebidas después del trabajo. .. son todas oportunidades para conocerse mejor, pero también para dar a conocer lo que sabe hacer, para dar a conocer lo que ha hecho. En una palabra, darse a conocer fuera de su empresa, darse a conocer en el mercado.

El valor añadido que ha creado a través de sus proyectos será un auténtico plus que marcará la diferencia, sobre todo si ha aportado mucho más de lo que has costado. Usted se convertirá en un valor preciado y, por lo tanto, costoso en el mercado.

7.5. Domine el PowerPoint

Una buena comunicación verbal y escrita es esencial. Una buena comunicación verbal, escrita y gráfica es una ventaja. Y una buena comunicación gráfica implica dominar PowerPoint.

Es la herramienta por excelencia para presentaciones en los comités de gestión, y esto en la mayoría de las empresas de todo el mundo. Si bien no vamos a hacer una clase de PowerPoint, vamos a resaltar algunos principios fundamentales que tienden a olvidarse y hacen que los mensajes transmitidos sean menos impactantes.

Primero, su presentación debe contar una historia simple, completamente basada en hechos. Intente no exceder diez diapositivas a riesgo de perder la atención de su audiencia. Mantenga un plan simple como, por ejemplo: Una declaración cuantificada del problema u oportunidad, las causas, la solución (incluido el costo-ganancia) dirigida a las causas mencionadas anteriormente, los riesgos de la solución y la prevención de estas, el plan de acción.

A continuación, no entre en demasiados detalles para no sobrecargar las diapositivas. Podrá entrar en detalles durante la presentación verbal, centrándose en los puntos clave. Sin embargo, si alguien quiere más aclaraciones sobre un punto, deberá conocer los detalles para responder correctamente. Tener una presentación resumida no significa tener una breve noción de sus documentos, al contrario: Debe tener un conocimiento sólido de su tema, hasta en los más mínimos detalles.

Cuide su presentación. Si su empresa no tiene un modelo impuesto, prepare el suyo. El diseño debe ser sobrio: Debe resaltar el contenido y no ahogarlo. Piense en la comunicación de Apple: blanco, una foto del producto, un mensaje clave respaldado por algunos detalles importantes. Lo que es simple y ordenado funciona como una regla.

Evite el contenido que podría molestar a un miembro de la audiencia, lo que seguramente lo convertirá en un oponente. Hablar de resultados por debajo de las expectativas en lugar de malos resultados, falta de recursos adecuados en lugar de colaboradores incompetentes... lo cual es políticamente más correcto y menos peligroso.

Durante su presentación pública, no lea el contenido, traiga contenido no visible. Por ejemplo, si muestra un mapa del mundo con cifras de ventas crecientes, en lugar de leer las cifras, señale países con un fuerte crecimiento debido al aumento de los volúmenes, aquellos con un crecimiento atribuible a un efecto de la moneda, aquellos cuyo crecimiento ha sido impulsado por un nuevo producto, etc. Sea conciso y no olvide su objetivo: Convencer de una oportunidad y validar su plan de acción final.

Presente este plan de acción en forma de tabla describiendo los diferentes pasos, en un tiempo estimado y sin olvidar insertar una columna «aprobado/rechazado», que hará que la gerencia comente cada acción propuesta.

Tiendo a hacer presentaciones de cinco o seis diapositivas que presento en un máximo de quince minutos, lo que deja tiempo para preguntas y discutir las acciones. Estas, tal como se presentan, pueden no ser aprobadas. Así que guarde tiempo al final de la presentación para hacer este trabajo de ajuste necesario, colectivamente involucrando a las personas que toman las decisiones. Habiendo participado en la redacción de las acciones, estas últimas difícilmente puede desaprobarlas después. Eso es todo.

7.6.
Domine la retórica

Si el lector es abogado, político, filósofo o amante de la literatura, sabrá cómo la retórica, es decir, el arte de convencer en público, es un arma poderosa. Esta puede consagrar las ideas más estúpidas y abortar los proyectos más brillantes.

Esto es posible por el hecho de que la gran mayoría de los individuos basan sus decisiones en sus emociones más que en la razón. Utilizada con amabilidad, la retórica le servirá para optimizar sus presentaciones, sus discursos y, en general, sus intervenciones en público. También será un arma útil contra aquellos que puedan usarla maliciosamente, especialmente contra usted o su empresa. Le invito a leer el excelente libro de Schopenhauer, El arte de tener siempre la razón, que ha sido incluido en muchas otras obras y videos sobre el tema.

Algunas escuelas y universidades prestigiosas organizan concursos de elocuencia en los que asistir puede ser instructivo. También organizan ejercicios para sus alumnos donde, tras defender un punto de vista, una tesis, deben defender el punto de vista, la tesis, opuesta. El resultado es impresionante.

Los golpes retorcidos para los que tendrá que prepararse son múltiples. Podemos comenzar con la revocación de sus argumentos en su contra o el uso de un simple contraejemplo que será suficiente para desacreditar su discurso. Su legitimidad, su experiencia, pueden ser cuestionadas. Puede ser desestabilizado por una distracción, el debate puede desviarse a otro tema más fácil para su oponente. También puede encontrarse tambaleando por una avalancha de varias preguntas. Su oponente puede empujarle a entrar en detalles para mostrar la complejidad de su proyecto, demasiado grande para permitirle tratar el tema durante una simple reunión o incluso para tratarlo en cualquier curso. Sus palabras pueden ser distorsionadas. Sus convicciones y creencias pueden ser usadas en su contra. Las frases o fragmentos de frases se pueden sacar de sus contextos para hacerle decir lo contrario a lo que dijo, una especialidad de los periodistas de tercera. Las dudas se pueden sembrar en un revoltijo en diferentes puntos de su argumento para destruirlo. Uno de sus argumentos puede ser llevado al extremo o exagerarlo hasta el punto de volverse ridículo. En resumen, los medios para llegar a usted son múltiples.

Sus logros, sus resultados serán su mejor arma contra este tipo de ataques. Cuanto más importante sea su credibilidad y aura en la empresa, más lo apoyará la gerencia y menos estará expuesto a ataques retóricos.

Integre la retórica en su programa de entrenamiento personal para anticiparse a estos golpes y aprender a contrarrestarlos, para optimizar sus técnicas de comunicación, pero también para desarrollar sus habilidades de negociación.

7.7. «Yo», «nosotros»

A menos que necesite dar una opinión muy personal sobre un tema, remplace el «yo» y sustitúyalo por el «nosotros». Esto cambiará muchas cosas.

El «nosotros» tranquiliza. Un tomador de decisiones, a menos que le conozca desde hace mucho tiempo y a lo largo de los años usted se haya convertido en su mano derecha, será más probable que confíe un proyecto a un grupo de personas en lugar de a un solo individuo. Apostar a varios caballos en lugar de uno solo aumenta las posibilidades de tener un ganador. Este es un reflejo natural de la diversificación de riesgos. Por lo tanto, si está liderando un proyecto con un equipo, mencione bien el «nosotros». Si gestiona el proyecto solo, especifique con quién trabajará dentro de los diferentes departamentos.

El «nosotros» lidera. Sus interlocutores se sienten involucrados en su proyecto si utiliza el «nosotros». Está rompiendo una barrera creada por el uso de «yo» y «usted». Al usar el «nosotros», se sienten involucrados en su observación, incluso si pueden discutir ciertos puntos. Se sienten involucrados en las acciones que usted propone.

El «nosotros» inicia un sentimiento de solidaridad. «Solidaridad» y «solidez» tienen la misma raíz lingüística: Al usar el «nosotros», le da mayor solidez a sus observaciones y acciones. Es el grupo que está involucrado y que se lleva a involucrarse. Si tiene éxito, será una victoria colectiva. En caso de fracaso, la responsabilidad no recaerá en un individuo en concreto, sino en un colectivo de individuos, lo que diluye el riesgo de cada uno y así facilita la decisión. El grupo diluye la sensación de exposición al riesgo. El grupo también facilita la colaboración y por lo tanto las posibilidades de éxito de su proyecto.

Al reemplazar el «yo» por el «nosotros», su comunicación se volverá más poderosa, más impactante, más convincente. No será solo un lanzador de ideas, sino un verdadero jugador en un equipo junto con un líder (potencial) motivado por el éxito del colectivo.

8. Peligros a evitar y enfrentar

A lo largo de este libro, hemos discutido una serie de riesgos que pueden impedirle tener éxito. Aquí volveremos a algunos de los más peligrosos.

8.1. El N+1

El tema de N+1 ha surgido muchas veces.

Con el tiempo, seguramente cambiará de superior muchas veces. Y un jefe es como la ruleta en el casino o, a veces, como la ruleta rusa. Puede tener cinco jefes muy buenos sucesivamente y caer en un sexto que querrá su pellejo por razones que pueden ser tanto objetivas como menos confesables. No debemos olvidar que somos ante todo humanos. Nuestros instintos y emociones a menudo tienen prioridad sobre nuestra razón. Un jefe al que usted no le gusta, porque corre el riesgo de que usted lo eclipse, porque su coche es más bonito que el suyo o porque usted no es del tipo que dice «sí» a todo, puede llevarle una vida dura. Su carrera puede ser brutalmente frenada por un jefe que se interpondrá en su camino. Incluso puede experimentar el desempleo si él tiene éxito en sus propósitos y por tanto en su despido.

Sus mejores armas preventivas son el respeto (al menos en apariencia), un trabajo bien hecho, la comunicación con su N+2 y toda la empresa. Nunca se deje «encerrar» bajo un N + 1 porque de repente podría encontrarse en gran peligro. Todo puede ir muy bien durante varios años hasta el día en que todos tengan que salvar su pellejo.

Además, es posible que nunca tenga el más mínimo problema con su N+1, lo cual le deseo. Sólo estamos hablando de riesgos y de ninguna manera de una certitud.

8.2. Dispersión

Como cualquier otra cosa, la dispersión es beneficiosa en cantidades moderadas. Puede llegar a ser perjudicial en exceso.

Su tiempo y energía son recursos limitados. No podrá llevar a cabo diez proyectos de manera efectiva al mismo tiempo. Tendrá que reducir sus ambiciones a corto plazo, lo que no significa reducirlas a largo plazo. Priorice sus diez proyectos y cada año tome dos o tres en los que dará lo mejor de usted mismo. Aumentará sus posibilidades de éxito y asegurará los próximos tres o cuatro años con un cronograma de proyectos para liderar.

Además, le volverá más resistente. No se cansará fácilmente, tendrá tiempo para relajarse, para aprender, para estar con los que ama, para desarrollar proyectos o intereses personales. El burnout no será para usted, sino para los velocistas que quieren agotarse en la tarea de brillar. Una estrella y una antorcha brillan ambos en la noche. La estrella dura más que la antorcha.

Dispersarse de manera mesurada es algo bueno. Mejor tener dos o tres proyectos al mismo tiempo en el fuego, uno de los cuales puede fallar, ser abandonado o retrasado. De la misma manera que es preferible, por prudencia en particular, tener varias fuentes de ingresos o diversificar sus inversiones.

8.3. Fatiga

La fatiga es un peligro importante. Cansado, usted ya no es eficaz. Es entonces el momento de tomar un descanso para recargar las pilas.

Primero, prevenir la fatiga. Gestione su tiempo, maximice el tiempo libre incluyendo descanso, momentos a solas, momentos de silencio. Mantenga un sueño de calidad. Haga ejercicio, aunque solo sea caminando diariamente. Cuide su dieta sin olvidarse de darse un capricho de vez en cuando.

Una vez que la fatiga está presente, no trate de luchar. Olvídese de los diez cafés diarios o bebidas energéticas. Ahorrará un poco de tiempo antes del agotamiento, pero se arriesgará a sufrir un violento efecto boomerang. Es inútil luchar, tómese mejor un buen descanso. Un fin de semana largo con un poco de esparcimiento puede ayudar, dos o tres semanas de permiso en caso de gran fatiga. Aproveche para cambiar de aire y dar un paseo por el mar o la montaña. Personalmente, la costa atlántica me reactiva en una semana. Vigile sus correos electrónicos, en caso de que ocurra una emergencia o un imprevisto grave en su ausencia. Estar atento no significa responder. Fuera de las emergencias, aproveche sus vacaciones y responda a sus correos electrónicos cuando regrese, no antes.

La fatiga es un enemigo temible. Afecta su capacidad de juzgar, le empuja a cometer errores, le hace irritable más fácilmente y degrada sus habilidades interpersonales. Muchos de los que han luchado demasiado con la fatiga han experimentado agotamiento en lugar de éxito.

Muchos de los que tienen éxito tienen días bien estructurados para evitar la fatiga y mantenerse eficaces. Un sueño de calidad, un día bien organizado, tiempo personal preservado... son parte de un estilo de vida que contribuye a conseguir sus objetivos.

8.4.
Promesas incumplidas

No cumplir una promesa puede hacerle perder toda credibilidad, independientemente de la excusa con la que busque justificarse. El hombre que no respeta sus palabras es un hombre con palabras vacías. Es un hombre hueco y vacío que no se respeta a sí mismo.

Es fundamental gestionar las expectativas de sus interlocutores. Prometa solo lo que está seguro de poder dar. Si no puede prometer que dicho proyecto se completará antes del treinta de septiembre, siempre puede prometer a su interlocutor que hará todo lo posible para lograrlo, pero insistiendo en el hecho que a pesar de esto no puede garantizarlo. Prefiera la transparencia, la honestidad. Con el tiempo, ganará.

Un buen profesional está motivado por el resultado. Sus compromisos, así como la calidad de su trabajo, deben ser confiables. Un buen profesional es creíble.

8.5.
Uno mismo

El mayor peligro en esta historia no es su N+1. Tampoco es fatiga o dispersión, es... ¡Usted!

Para sobrevivir y tener éxito, tendrá que luchar contra usted mismo constantemente.

Primero contra sus demonios internos como el miedo, la envidia o los celos. El primero le paralizará o ralentizará, impidiéndole actuar. La segunda, la envidia, puede ayudarle a determinar las metas a alcanzar. La envidia también puede convertirse en una fuente de frustración, de resentimiento: En este caso, en lugar de intentar fijarse metas para alcanzarlas se fijará sueños e imaginará todo tipo de historias que se volverán inalcanzables. Sus fracasos serán culpa de los ricos, de los políticos, de un virus.

.. en definitiva, de todos menos de usted mismo. Los celos le harán tóxico, incluso para usted mismo. Si la benevolencia le ayudará a progresar de manera efectiva, los celos le aislarán y le empujarán a realizar malas acciones y decir palabras maliciosas. ¿El vecino tiene un automóvil que a usted le gustaría tener? Reflexione, en cómo puede permitírselo en lugar de cotillear sobre su vecino.

También, las adicciones son peligrosas. Ciertamente, todo el mundo piensa inmediatamente en adicciones como el alcohol o las drogas. Sin embargo, existen muchas otras adicciones que le impiden progresar con eficacia: Comida, sexo, celebridad, poder, videojuegos, series de televisión, redes sociales... Como en todo, los excesos son peligrosos, lo que no significa privarse de todo a condición por supuesto, que sea legal. Las adicciones le impiden mantener un control absoluto sobre usted mismo y absorben su tiempo, su dinero, su energía, en definitiva, todo lo que necesita para tener éxito.

Finalmente, su educación, sus creencias, sus convicciones pueden ser peligrosas. Muchos de nosotros hacemos las cosas automáticamente, sin pensar realmente. A la pregunta «¿Por qué?», la respuesta suele ser así: «Es así», «Siempre lo hemos hecho así», «Es la tradición» ... Pero pocos son capaces de explicar cuál es el origen de la tradición. Muchos repiten como loros palabras que han escuchado o leído sin saber de qué están hablando. Algunas palabras incluso son impuestas por la masa ignorante y cualquiera que intente tener una opinión diferente, por muy verdadera que sea, sería inmediatamente excluido de la sociedad. Para esto, aprenda. Aprenda constantemente. Interésese por los aspectos técnicos de su profesión, pero también por la ciencia, la filosofía, la historia, la psicología, las artes... Confronte los puntos de vista, incluidos los menos populares, trate de entender las causas y cree su propia opinión. Entender cómo las cosas funcionan es importante. Entender el por qué es aún más importante.

Nuestros padres a menudo nos enseñan principios que ellos piensan que son buenos. Algunos lo son. Otros le están bloqueando para tener éxito. ¿Cómo podemos tener éxito cuando creemos que los ricos son despreciables, que la ambición es reprensible, que tratar de realizar los sueños es para idiotas, que tomar incluso riesgos calculados es una locura? Así que tenemos que aprender a clasificar entre lo que es bueno y lo que no es bueno para nosotros. El hecho de que todos lo hagan o piensen de cierta manera no significa que sea correcto. Si esto fuera cierto, la tierra seguiría siendo plana y viajar a más de 5 km/h nos enfermaría gravemente. ¡Aquí, una aplicación de la retórica!

Además de los demonios internos, las adicciones, ciertos principios de educación y las convicciones dañinas, el último gran peligro es no quererse a sí mismo. Nada le obliga a quererse como usted es y nada le obliga a quedarse como está. Guarde y cuide sus fortalezas, las que usted aprecia. Trabaje y cambie sus rasgos de personalidad con los que no se sienta bien. ¿Se siente demasiado gordo? Cuídese y recupere su cuerpo haciendo deporte, adaptando su dieta. Obtenga ayuda de profesionales si es necesario. Deambula y se estanca en su trabajo, ¿Se cansa? Actúe. ¿Qué quiere hacer? Establezca metas y desarrolle un plan para conseguirlo. ¿Es adicto a las series de televisión? Establezca un momento cada semana para su serie o, una vez que un proyecto se haya completado con éxito, disfrute del box set de una serie. ¿Su cabello no se parece a nada? Vaya a la peluquería. ¿Se siente feo? Vaya a ver a un especialista en cambio de imagen, es posible que se sorprenda por completo por del resultado. En resumen, no faltan soluciones a los problemas, especialmente en la era del Internet.

Nuestros pequeños demonios están dentro de nosotros y son parte de nosotros. Deje que se expresen, pero que no le dominen.

8.6. Incumplimiento de los códigos éticos

Una regla de oro: Haga su trabajo y lidere sus proyectos con integridad. Sin falta.

Puede ser tentador usar su posición para obtener ciertos favores, redondear sus fines de mes, inventar ciertos números para acelerar un bono o promoción. Pero cuidado, corre el riesgo de tener que pagarlo muy caro. Puede arriesgarse a una advertencia o una amonestación ciertamente. En algunos casos, puede perder su trabajo, ser procesado incluso penalmente, o algo peor. Su vida puede convertirse en un infierno en la tierra para obtener una ganancia que rara vez vale la pena el precio a pagar.

Sea siempre transparente con sus números, sus fuentes, sus cálculos. Guarde cuidadosamente, idealmente en un servidor, sus archivos de trabajo, sus documentos de origen. Utilice al máximo en sus hojas de cálculo fórmulas que le permiten rastrear el camino de regreso a sus resultados finales desde los datos de origen. No oculte la incertidumbre sobre los números y, en lugar de presentar una sola cifra, presente un intervalo acotado por el escenario pesimista y el escenario optimista. Nunca embellezca sus números para aumentar su bono anual o impulsar una decisión. Si algunos maquillan sus cifras, a veces con un verdadero sentido artístico, mantenga su distancia y prohíbase este tipo de prácticas.

No mienta a su gerencia ni omita cosas que puedan influir en sus decisiones.

Condene todas las formas de acoso, ya sean morales o sexuales. Si desea separarse de un empleado incompetente, responsable de errores graves o comportamiento inapropiado, no lo acose, permanezca fáctico, objetivo, cortés durante todo el proceso de despido. ¿Sueña tener un romance con alguien de su equipo? Si la persona se niega, el acoso no es la solución y tal comportamiento lo expone a sanciones graves. Si la persona está de acuerdo, piense en el riesgo de que su relación se deteriore y las consecuencias adyacentes a su relación profesional. Por el contrario, si tiene que criticar a su pareja profesionalmente, ¿Cómo evolucionará su relación en lo personal? Todo esto hay que sopesarlo antes de dar curso a sus impulsos amorosos: Corre el riesgo de perder en los aspectos personales y profesionales. Prefiera las relaciones con una persona de otro departamento o con la que sus interacciones profesionales no generen conflictos.

También evite el favoritismo y todos los comportamientos que puedan traer beneficios a algunos a costa de la frustración de otros. No cree animosidades innecesarias para usted mismo.

Evite la corrupción, los sobornos y otros sobres pequeños. Estos son engranajes peligrosos que rompen a los que son atrapados, a veces a sus familias, y generan una angustia interminable para aquellos que no son atrapados. Es un juego peligroso, tipo ruleta rusa.

Su reputación es un activo crucial. Le llevará años construirla. Unos pocos momentos pueden ser suficientes para destruirla. Manténgala cuidadosamente con resultados tangibles, logrados con integridad y ética.

8.7. Observe su entorno como la leche en el fuego.

En la empresa, no confíe en nadie. Siempre tenga un ojo vigilante y un oído atento.

Manténgase alerta a los rumores, especialmente aquellos sobre usted mismo. Más allá de los rumores que pueden ser la causa de las oportunidades, esté atento a los rumores maliciosos en su contra. Será necesario cortarlos rápidamente, respaldándose en hechos. Si, por ejemplo, hay rumores de que usted está manipulando sus números, muestre, siempre que pueda, cómo se producen sus cifras a través de ejemplos concretos. Señale cómo se rastrean sus fuentes, documente, exponga cómo se establecen los cálculos, indique cómo los datos están disponibles gratuitamente en el servidor de la empresa, en última instancia, demuestre que su trabajo es 100% auditable por cualquier persona, en cualquier momento. Los hechos deberían ser suficientes para terminar con el rumor.

Algunos rumores pueden ser muy serios. Si hay rumores sobre usted, por ejemplo, sobre fraude o corrupción, no debe mostrar ninguna tolerancia y solicitar una investigación de auditoría interna o de Recursos Humanos.

¿Parece que le van a trasladar a un «armario»? Vaya a ver a su N + 2 para verificar si el rumor es preciso y comparta su malentendido. Es posible que él esté aún más sorprendido que usted por esta información. Del mismo modo, si ha oído hablar de su licenciamiento, de la promoción de una persona x a un puesto para el que usted está objetivamente más calificado.

Para estar al tanto de los rumores supone, de nuevo, que usted tiene una buena red interna. Generalmente, su interlocutor comenzará con «No debería decírtelo, pero...» para terminar con «Pero cuento contigo para que no le digas nada a nadie. Es un secreto que se suponía que no debía compartir contigo». Su red será aún más eficiente ya que sus conexiones son numerosas, ya que las personas que han trabajado con usted guardan un buen recuerdo de su colaboración, y la gente le aprecia.

Estos secretos compartidos benévolamente con usted tienen un inconveniente. Los secretos que usted comparte pueden ser revelados también. A veces, solo un descuido de su interlocutor con respecto a su promesa de mantener el secreto y este se revela. Así que tenga mucho cuidado y en general, como una esponja, guarde los secretos que se le confían (lo que fortalecerá su reputación de fiabilidad), guarde sus secretos para usted mismo (solo) y manténgase atento a otros secretos compartidos.

Finalmente, recuerde: toda la información debe ser cruzada y verificada a menos que provenga de una fuente de confiabilidad indiscutible. Este consejo también se aplica especialmente, a los rumores.

9. Hacia la independencia

Algunos lectores encontrarán que me repito todo el tiempo y solo les diré una cosa: es voluntario. Repetir las cosas ayuda a memorizarlas.

Y repetiré que el contenido de este libro es sólo una selección, y por lo tanto de ninguna manera un censo exhaustivo, de las lecciones que personalmente he aprendido de mi experiencia personal. Estos consejos no son en lo absoluto una receta universal para el éxito o una solución milagrosa para conseguir sus objetivos. Y lo que funciona para mí puede no funcionar para usted y viceversa.

Logré proteger mi posición en los negocios, progresar y multiplicar mi salario significativamente en pocos años. Mi posición es relativamente buena y mi riesgo de encontrarme desempleado bastante bajo (todo lo contrario, a mi situación hace quince años). No obstante, este riesgo no es nulo, especialmente a largo plazo y mientras sea un empleado, este riesgo existirá. Un nuevo jefe al que no le gusto, un futuro error costoso que no me perdonarán... las causas potenciales son múltiples.

Si hay algo fundamental que he podido entender es que es necesario multiplicar las fuentes de ingresos y no apostar solo por el salario. Independientemente de mis logros y de los puestos alcanzados, si pierdo mi trabajo, ¿De qué viviré?

Las pensiones que la mayoría de los estados y fondos de pensiones pueden no ser capaces de honrar adecuadamente, los riesgos de accidentes en la vida, los gastos imprevistos de todo tipo... hacen prudente multiplicar las fuentes de ingresos y no apostar todo a un salario y a la jubilación prevista a partir de entonces.

En este libro, comparto con ustedes cómo he hecho que mi trabajo sea más seguro, más sostenible y mejor pagado. El tiempo extra y el dinero ahorrado me permiten, cada mes, dedicarme a nuevas actividades, incluida la escritura, mientras desarrollo mi independencia financiera.

Cada mes, siempre gano un poco más de serenidad. Mi carrera ahora puede detenerse en cualquier momento sin que me encuentre en grandes dificultades como hace unos años.

Mis habilidades y logros en mi sector profesional, son conocidos en varios países: he podido posicionarme entre el 1% de los profesionales más exitosos de mi campo. Varias de las compañías de Fortune 500 me han ofrecido unirme a ellas si mi empleador actual ya no está satisfecho conmigo o si ya no estoy satisfecho con él.

El tiempo que liberé me permitió desarrollar un proyecto de inversión personal y dedicarme a la escritura, lo que me asegura una ocupación.

Usted debe verse como una inversión e invertir en usted mismo. Y cada inversionista apuesta en varios activos. Así que no destine todos sus esfuerzos en su empleo.

Para esto, aquí hay algunas ideas y pistas.

9.1.
Trabaje menos, gane más

Optimizar su tiempo para tener más es una de las claves del éxito. Perder el tiempo en horas extras no pagadas es una aberración. Dos horas extras al día reduce su salario promedio por hora. Los ejecutivos que trabajan horas extras en grandes cantidades a veces terminan con un salario por hora más bajo que el de un cajero: ¿por qué no ser un cajero en este caso? Dos horas extras por día son diez horas por semana, cuarenta por mes y durante once meses cuatrocientas catorce horas, o veintidós días por año, casi un mes trabajado gratis. Sin mencionar que de esta manera se malvende y pierde aún más su credibilidad. Lo que los verdaderos profesionales nunca hacen. Consultores de alto nivel, abogados, médicos, chefs le harán pagar un precio justo por cualquier trabajo extra. Y si le dan un regalo, no se preocupe: saben que se pondrán al día más tarde.

¿Su jefe le explota y no tiene más tiempo para usted mismo? Primero, haga un balance. ¿Cuánto le cuesta a su jefe? Entonces, ¿cuánto le trae? Los jefes rara vez explotan las inversiones correctas. Por el contrario, tienden a mimarlas siempre que, por supuesto, no tiren demasiado de la cuerda. Esta, demasiado solicitada, puede terminar rompiéndose.

Si trae $ 500.000 en ganancias al año a su jefe y él se niega a pagarle más que el salario mínimo, entonces cambie de jefe. Compárese con el mercado laboral: ¿cuánto vale en el mercado? Si usted es mucho más rentable que la mayoría de sus pares en el mercado, entonces está apuntando al rango superior de salarios. A continuación, puede hacer una evaluación personal: su salario actual, sus logros (cuantificados) y la gama de salarios de mercado. Si su empresa no puede, o no quiere, hacer nada, no diga nada y busque en silencio una nueva posición más remunerativa.

Con este tiempo libre, además de entrenar, descansar, estar con sus seres queridos, podrá desarrollar actividades complementarias. Algunas de estas actividades lo llevarán en el camino hacia la libertad financiera. Si tiene tiempo, mayor capacidad de ahorro y la mentalidad correcta, tiene las cartas en la mano para tener éxito en este camino.

9.2. Volverse intelectualmente libre, dar un paso atrás

Ser independiente no es solo una cuestión financiera. También es una cuestión intelectual.

El ser humano tiende a seguir los movimientos de masas, incluyendo las modas, las opiniones hasta los tics del lenguaje. No es una tara. Es solo nuestra naturaleza profunda. Estamos hechos de esa manera. Sin embargo, sucede que en algunos casos la masa corre hacia el desastre. El ejemplo de las crisis bursátiles es excelente en este sentido. Masas de inversionistas individuales, a menudo inexpertos en finanzas, solo guiados por las emociones, la codicia y el miedo a perder una oportunidad única, se precipitan en los mercados, haciendo que los precios se disparen antes del colapso que causará muchas ruinas y dramas personales.

Es por eso que antes de seguir una opinión masiva y repetir las palabras como un loro de un periodista de calle, incluso si trabaja para un medio de renombre, usted debe formarse su propia opinión. Compare los puntos de vista incluso los considerados extremos por la mayoría. Profundice en los argumentos de todos y estudie en qué se basan (cifras, hechos históricos o simples comentarios demagógicos lanzados sobre la marcha). Leer, analizar, estudiar las fuentes, cómo se establecen las cifras, sobre qué base, de dónde viene el problema... Analizar tendencias, datos históricos a largo plazo, ciclos. Internet ofrece una multitud de fuentes de información que usted puede comparar fácilmente.

Esto es lo que me ha permitido implementar estrategias innovadoras en mi negocio y tener éxito en ellas, mientras que casi nadie creía en estas hace unos años. Todos siguieron las opiniones globalmente compartidas de los llamados expertos y periódicos cuyos artículos reproducían las opiniones de estos últimos. Acabo de estudiar la historia de mi industria y los precios de los productos básicos desde su inicio, lo que ninguno de estos falsos expertos obviamente había hecho. Unos pocos libros y algunos conjuntos de estadísticas recopiladas en Internet me permitieron entender lo que los expertos no entendían (y aún no entienden) y luego darme cuenta de varios cientos de millones de dólares de valor agregado donde estos expertos no pudieron ganar ni un dólar.

9.3. Conviértase en un consultor o profesor experto

Si eres bueno en su campo, puede vender horas de experiencia como consultor. Además de ingresos adicionales, puede aumentar su notoriedad y experiencia.

Puede darse a conocer a través de un sitio web, conferencias, artículos, un canal de YouTube o simplemente apostar por sus contactos u oportunidades existentes. Depende de usted. Crear un negocio le enseñará muchas cosas nuevas y a menudo emocionantes: el proceso de creación de un negocio, aspectos contables y fiscales, comunicación...

Sin embargo, deberá dejar suficiente tiempo para esta nueva actividad, que puede ser un fracaso, un éxito o incluso el comienzo de una nueva vida. Prepárese para perder el capital invertido. Si tiene éxito, tanto mejor. Si es el premio mayor, es aún mejor. Si fracasa, habrá perdido su capital, pero habrá adquirido una experiencia única y nuevas habilidades que le servirán para el resto de su vida y muy probablemente para un proyecto futuro. Habrá perdido un poco de capital en el peor de los casos, pero habrás hecho una excelente inversión en usted mismo.

Antes de comenzar, verifique que sus actividades de consultoría no estén en conflicto de intereses con su posición asalariada. Como norma general, evite trabajar para empresas que tengan una relación directa o indirecta con la suya. Si tiene alguna duda, relea su contrato de trabajo, contacte con su departamento de Recursos Humanos, o incluso con un abogado, para que le asesore y así no ponga en juego su puesto. También llame a un contador para que lo ayude no solo en los aspectos contables, sino también en la creación de su entidad o impuestos. Finalmente, no se devalúe ofreciendo sus servicios a tarifas demasiado bajas.

También puede, si su experiencia y calificaciones lo permiten, enseñar. Ya sea como profesor si tienes los diplomas requeridos o como ponente externo. En ambos casos, a menudo tendrá que enfrentar una carga de tiempo poco o mal pagado para preparar sus cursos o corregir copias. Aparte de algunos oradores de renombre o aquellos considerados de alto nivel, generalmente ganará poco a través de la enseñanza. Sin embargo, esta opción puede darle a conocer y ser un buen trampolín para hacer consultoría o escribir libros de referencia para estudiantes y profesionales que deseen formarse.

9.4. Transforme su salario en activos

No es necesariamente la mejor opción, pero es mi favorita.

Mi estilo de vida es relativamente simple y al aumentar mi salario significativamente he aumentado enormemente mi capacidad de ahorro mensual. También he mantenido un estilo de vida sencillo pero cómodo, sin ninguna atracción particular por el lujo, lo que aumenta aún más mi capacidad de ahorro.

Algunos utilizan su capacidad de ahorro para consumir o pagar préstamos para la casa o el automóvil de sus sueños. Compran pasivos y se empobrecen. Otros invierten en activos, es decir, bienes o valores que crean riqueza, aumentan de valor y/ o generan naturalmente ingresos adicionales. Compran activos y se enriquecen.

Invertir en activos, especialmente financieros, requiere capacitación de antemano. La formación no significa tener un máster en finanzas, sino una verdadera educación financiera adquirida aprendiendo de aquellos que han tenido éxito y saben cómo convertir una inversión en éxito. Sin una capacitación previa, usted aumenta en gran medida los riesgos de tomar las decisiones de inversión equivocadas y también corre el riesgo de que sus ganancias sean (severamente) consumidas por las comisiones (a veces enormes) tomadas por muchos bancos, fondos de inversión y otros intermediarios.

Además, los asesores financieros suelen ser simples vendedores que destacan los productos en los que sus márgenes son más altos. Esto no garantiza que estos productos de alto margen para ellos sean bien pagados para usted. Muchos fondos de inversión se desempeñan muy bien en sus términos brutos. Sin embargo, una vez pagadas las distintas comisiones (gastos de gestión, comisiones de intermediación, derechos de custodia, etc.) al igual que las cotizaciones sociales y los impuestos, el rendimiento real se derrite como la nieve al sol.

Los estudios también han demostrado que el rendimiento de los fondos prestigiosos, con el tiempo, rara vez supera al rendimiento de los índices. Las comisiones ofrecidas por los fondos indexados («ETF») son generalmente mucho más bajas que las de los bancos y otros fondos de inversión tradicionales, los inversionistas pueden encontrar a través de estos fondos indexados una palanca de rendimiento competitiva. Comprar y vender dichos fondos a través de corredores en línea a tasas reducidas le permite agregar una segunda palanca de rendimiento y, por lo tanto, aumentar sus ganancias potenciales al ahorrar en tarifas y comisiones de administración.

Los principios de diversificación son importantes. Hay algunas reglas a seguir y ajustar de acuerdo con su apetito de riesgo.

Diversificación geográfica, tipo de activo, sector de actividad, porcentaje máximo por línea en su cartera, tipo de contraparte... son todos elementos a pesar bien en la balanza antes de lanzarse en ellos.

El interés compuesto también es un gran amigo. $ 1 al 10% por año, un rendimiento que algunos índices pueden hacer fácilmente en buenos tiempos económicos, puede convertirse en $ 2.5 después de diez años, $ 6.7 en veinte años y $ 17.4 en treinta 30 años. Haga los cálculos, si ahorra $ 100 al mes, $ 500, $ 1.000 o más. Al progresar en la empresa, al aumentar su salario, aumentará su capacidad de ahorro y podrá realizar posibles perspectivas de riqueza cada vez más fuertes. Entonces usted se da cuenta de que la independencia financiera es posible. Cuanto más avanza en este camino, menos le asusta el riesgo de desempleo, menos le asusta el riesgo de una jubilación insuficiente: ganas en independencia, pero también confianza en usted mismo.

El tiempo que pueda liberar le ayudará a entrenar. Esta es también la razón por la que a repetición le he insistido a lo largo de este libro en la necesidad de liberar tiempo para sí mismo. Invertir en activos, sin capacitación, es peligroso. Le recomiendo encarecidamente que invierta en su educación financiera primero y solo después haga sus inversiones en activos financieros. Aprenderá, por ejemplo, que los ETF generalmente no son cestas que reflejan un índice, sino una reproducción de un índice. De hecho, es difícil revender los miles de acciones de valores utilizados, por ejemplo, para índices globales y, por lo tanto, los ETF ponen en marcha algunos «trucos», que implican riesgo. También tendrá que aprender de algunos mercados como los metales preciosos, incluyendo el oro y la plata. Y, por supuesto, también necesitará capacitarse en impuestos para no perder sus ganancias en tributos que podría haber evitado (legalmente). En resumen, no es un aprendizaje ligero que le espera, pero un aprendizaje real, en profundidad.

Nunca olvide el esfuerzo, el tiempo, las dificultades que tuvo que superar para ahorrar. Cuanto menos entrenado esté, más aumentará el riesgo de perder lo que ha ganado con esfuerzo.

Cuanto menos entrenado esté, más aumentará el riesgo de perderlo todo.

9.5. Desarrollar un proyecto personal en torno a una idea o una pasión

Cuando veo en YouTube, la cantidad de videos hechos por gente apasionada es simplemente increíble. Automóviles, historia, animales, marquetería, cocina, jardinería, relojería, enología, pintura, escultura, filatelia... hay algo para todos. Mucho después de haber realizado unos pocos videos, algunos han desarrollado canales que a veces logran un número absolutamente gigantesco de visitas y que pueden generar ingresos adicionales. Si tiene una pasión, ¿Por qué no embarcarse en este tipo de aventura? Se divertirá, descubrirá un nuevo universo y, por qué no, podrá obtener un ingreso adicional de él.

¿No es bueno para hacer videos en YouTube? Mire los canales exitosos. Los videos a menudo están bien hechos. Mire en particular los primeros videos publicados en estos canales y, seguramente, verá que los comienzos fueron vacilantes. Esto es normal. Como con todo, hay un efecto de aprendizaje.

También puede enseñar, ser facilitador o voluntario en una asociación, invertir en una causa que le guste o le apasione. En este caso, no obtendrá ingresos adicionales, o tal vez bajos, pero desarrollará la sensación de ser útil, de llevar algo a los demás. Evolucionar en un entorno distinto a su universo profesional habitual, incluso sin compensación económica, puede traerle una inmensa fuente de satisfacción.

Puede escribir libros, crear obras de arte, cocinar, vender servicios de consultoría, diseño o dibujo, realizar cómics, ofrecer servicios de bricolaje, diseño de interiores o exteriores, desarrollar aplicaciones informáticas, crear un club deportivo, crear juegos de mesa... las opciones son infinitas.

Al liberar tiempo, aumentando su capacidad de ahorro y, por lo tanto, aumentando el capital que puede poner sobre la mesa para comenzar, usted hace que este tipo de proyectos sean cada vez más accesibles y alcanzables.

¿Qué pasa si no funciona? Aquí también, habrá perdido su capital, pero sin duda habrá disfrutado mucho al probar esta aventura. Por no hablar de todo lo que habrá aprendido y que le habrá fortalecido. Y nada le impide volver a intentar esta aventura un poco más tarde, con las lecciones asimiladas de sus errores.

En cualquier caso, darse placer es fundamental. Si el dinero está ahí, tanto mejor. Pero, sea cual sea el resultado, no será de esas personas que se arrepienten al final de su vida de no haberlo intentado.

Mientras escribo este libro, me digo a mí mismo: si este libro puede ayudar al menos a una persona a no perder su trabajo, a ganar más, a ganar en serenidad y a ser feliz, entonces habré logrado mi objetivo. Yo podría ser útil para alguien incluso si al final pierdo tiempo y dinero. Y si el tiempo y el dinero invertidos valen la pena para mí, entonces mucho mejor.

9.6.
El trading

El trading es un campo emocionante que a menudo fascina.

La riqueza, junto con el trading, nunca ha estado tan cerca. Está a solo un clic de distancia. Una vida de ensueño, fácil y cómoda finalmente se vuelve accesible. Una vida de trabajo duro puede transformarse así en una vida de cuento de hadas. Y la multitud de expertos improvisados (para ser amable), explicando en un contexto de autos lujosos que, en pocos días, o incluso en pocas horas, el trading está al alcance de todos, al igual que las famosas películas alrededor de Wall Street, mantiene el mito.

Si el golpe maestro que le trae fortuna es posible, afecta solo a una minoría muy pequeña de traders, tanto profesionales como aficionados. Y para estos últimos, las ganancias son a menudo modestas y las pérdidas, incluso la ruina, frecuentes.

El trading no es un simple pasatiempo contrario a la creencia popular. No es suficiente leer dos libros, ver diez videos en YouTube, comprar una estación de operaciones y abrir una cuenta en línea con un corredor en línea para tener éxito. No. Es un arte que requiere un previo entrenamiento sólido, muy sólido. Si los traders profesionales suelen salir de las mejores escuelas de negocios e ingeniería del planeta, esto no es una coincidencia. Y, para romper un mito más, la mayoría de ellos tampoco ganan millones en bonos al año. Una vez más, esta es solo una minoría muy pequeña.

Así como para su profesión y la gestión de su carrera, igualmente, usted debe capacitarse. Puede comenzar con algunos videos en línea, pero pronto tendrá que devorar muchos libros y lo más probable es que tenga que seguir una capacitación. Ya sea para los videos, los libros y especialmente para su capacitación, favorezca el contenido escrito por profesionales reconocidos, con experiencia comercial real, incluidos corredores o bancos líderes.

Y el aprendizaje será largo, sobre todo si su formación inicial está lejos de las finanzas. No solo tendrá que formarse en trading, sino también entender los fundamentos económicos, ser capaz de determinar si el precio de una empresa es justo, sobrevalorado o infravalorado, dominar los fundamentos de la gestión de riesgos... Incluso necesitará adquirir ciertas bases legales para comprender mejor el entorno en el que operan los mercados y también para apreciar mejor los riesgos a los que está expuesto a través del contrato que firma con su corredor o su banco.

Incluso deberá capacitarse en psicología, incluida la psicología de multitudes, la psicología del inversionista y, en general, las finanzas conductuales. De hecho, tendrá que comprender los efectos desbocados de los mercados, con frecuencia calificados de irracionales, pero por el contrario tienen explicaciones muy racionales. También tendrá que aprender a dominar sus propias emociones. Dominar sus emociones frente a las fluctuaciones de precios, frente a las masas de información a veces contradictorias que le llegan, frente al riesgo, frente a los efectos grupales, especialmente en el contexto del trading social. Tendrá que aprender a resistir los discursos, a veces muy convincentes, de los vendedores de oportunidades del siglo para hacerse rico. Tendrá que aprender a resistirse de sí mismo, de la soledad, de los largos períodos de inacción por falta de oportunidades comerciales, oportunidades, ganancias o pérdidas. Su preparación psicológica será decisiva. Su mental debe ser de acero.

Probablemente tendrá que moverse hacia un tipo de trading. Scalping, swing trading, trend trading... las opciones son múltiples y requieren conocimientos técnicos específicos. A continuación, ¿Qué tipo de productos desea comercializar? FOREX, acciones, opciones con o sin apalancamiento, oro, plata, criptoactivos, petróleo, materias primas agrícolas, índices... Una vez más, tendrás que pensarlo seriamente. Es esencial comprender lo que tendrá que operar para desarrollar una estrategia real.

Tendrá que aprender los fundamentos de la gestión de riesgos. En primer lugar, optimizar la estructura de su cartera para hacerla menos arriesgada sin perder de vista sus objetivos de rendimiento. Establecer límites de posición, analizar correlaciones entre activos... son puntos fundamentales que no deben tomarse a la ligera. También deberá establecer reglas tanto para la compra como para la venta y considerar los stop loss. Algunas herramientas pueden ayudarlo en esta área de la gestión de riesgos, pero no lo eximen de dominar los fundamentos.

A pesar de que el trading difiere mucho de la inversión, tener en cuenta los fundamentos de la inversión ayuda a mantener los pies en el suelo. ¿Está listo para especular con las acciones de una empresa que ha estado perdiendo dinero durante cinco años, que no ofrece una perspectiva de ganancias y cuyo precio continúa subiendo? ¿Cuánto está usted dispuesto a poner sobre la mesa para este título? ¿Cuánto está dispuesto a perder?

También vendrá la pregunta de ¿Con quién trabajar? ¿Su banco o un corredor? Si compra productos estructurados, ¿Qué fondos elegir? Si las tasas de comisión son esenciales a considerar, no olvide leer todo el contrato cuidadosamente. Lo que muy pocos hacen. De lo que muchos se arrepienten (generalmente demasiado tarde).

Y una vez más, el trading no es un juego. El mercado es inherentemente incierto. Tratar de predecir es realmente un desafío. Tiene más sentido simplemente tener en cuenta la incertidumbre, es decir, el hecho de que cualquier cosa puede suceder, en lugar de tratar de predecir lo que puede suceder. Frente a usted, tendrá una multitud de traders aficionados o principiantes. También contará con multitud de profesionales experimentados, asistidos por sistemas capaces de reaccionar al nanosegundo y equipos de analistas de alto nivel. Usted no pesará nada contra ellos y menos aún contra un mercado que funciona sin la menor emoción.

Si está interesado en el trading, comience, pero solo cuidadosamente y con una buena formación. No entre en este mundo con temeridad, ingenuidad o como si fuera a jugar en el casino. El trading, como la inversión o como cualquier otra profesión, es una actividad de expertos que implica enormes riesgos. Tenga cuidado de no agrandar la larga lista de traders aficionados que han perdido sus inversiones o a veces, mucho, mucho más.

9.7. Los bienes raíces

Los bienes raíces, al igual que el trading, no son una aventura para participar a la ligera. Las inversiones exitosas en bienes raíces requieren preparación, capacitación y experiencia.

Los bienes raíces pueden ayudarlo a generar riqueza e ingresos significativos a través de un poderoso apalancamiento. Los riesgos también son numerosos. Como invertir en una mala zona geográfica, en propiedades de pésima calidad que requieren trabajos importantes, o inquilinos incumplidos, incluso pasar por los riesgos fiscales o relacionados con la situación económica. Debe tener en cuenta una multitud de factores en su plan de negocios antes de comenzar. De lo contrario, el fruto de sus ahorros, es decir, meses o años de trabajo, puede esfumarse o algo peor.

Una vez que tenga una contribución significativa y la capacidad de financiar la compra de una propiedad, ¿Dónde comprar? Primero en un área donde la reventa será fácil, es decir, en un área donde la demanda es naturalmente alta (buen barrio, buenas escuelas, proximidad al transporte público, tejido económico dinámico, impuestos locales razonables...). Identificar también todo aquello que pueda contribuir a aumentar el atractivo de esta zona como la implantación a proximidad de nuevos negocios, centros de investigación, la creación de nuevos servicios de transporte público o trabajos de embellecimiento planificados por el municipio. También debe identificar cualquier cosa que pueda reducir el atractivo de esta área, como cierres de negocios o reubicaciones, el aumento de la morosidad local, la decadencia gradual del vecindario o un aumento significativo de la deuda municipal.

La propiedad, una vez valorado y corregido el entorno, debe tener un buen estado interior y exterior. En pocas palabras, debe dar ganas de comprarla. Identifique los problemas actuales o potenciales revisando los informes de las reuniones de los copropietarios, llamando a un arquitecto o un especialista en construcción para verificar el estado de la propiedad y evitar dejarse engañar por el escondite en boga: el home staging.

Su precio debe estar en el peor de los casos alineado con el mercado, en el mejor de los casos lo más por debajo posible del mercado. Si la propiedad está en malas condiciones, pero ofrece potencial, incluya el precio de la obra en sus cálculos sin olvidar proporcionar el margen si la obra finalmente resulta ser más costosa o más larga de lo esperado. Integre la incertidumbre en sus cálculos: disminución del índice de alquiler, duración de la vacante, alquileres impagados, trabajo colectivo (caldera, renovación...) o individual (equipos fuera de condiciones, fugas de agua...), planificado o imprevisto, aumento de impuestos, evolución de los tipos de interés si su crédito es a tipo variable...

Posteriormente, gaste algo de dinero para obtener asesoramiento de un experto, incluida la determinación de la estructura legal más adecuada, el régimen fiscal, la estrategia de optimización fiscal, el régimen de sucesión. Un contador público familiarizado con los bienes raíces, un notario, un abogado de impuestos se encuentran entre los profesionales que debe consultar antes de comenzar. Pueden ahorrarle mucho dinero y evitarle pasar por muchas trampas.

Encuentre buenos inquilinos con la ayuda de profesionales y en seguida seleccione cuidadosamente los documentos únicamente sobre la base de elementos objetivos, es decir, dejando de lado cualquier emoción o sentimiento personal. Usted hace negocios y tiene que mantenerse en los hechos. Utilice a un experto para redactar el contrato y hacerlo revisar por un abogado especializado antes de firmar. El abogado puede notar riesgos no tomados en cuenta por el agente de bienes raíces.

Si usted no es capaz de gestionar su inmueble a diario (cobro de alquileres, intervención en caso de problema técnico, contabilidad...), llame a profesionales y aprenda de ellos, ya sea para ahorrar más tarde haciendo parte del trabajo usted mismo, o para poder entender lo que están haciendo y así evitar dejarse engañar. En el caso de una disputa, manténgase en contacto con el(los) abogado(s) al que usted ha contactado anteriormente. Si utiliza una agencia inmobiliaria, asegúrese de que cuenta con una estructura adaptada para la gestión eficaz de las disputas. Y no olvide contratar un seguro que cubra los alquileres impagados, así como una serie de riesgos en los que no siempre habrá pensado.

No descuide los riesgos y anticípese a ellos, sobre todo porque ha optado por la carta del efecto de apalancamiento. Siempre planifique un colchón financiero para lidiar con la incertidumbre. Debe ser capaz de absorber financieramente los períodos sin ingresos por alquiler, trabajo imprevisto y otros cargos excepcionales, diversas disputas y otros riesgos que pueden convertir su inversión en un fiasco o incluso en un infierno.

A menos que ya tenga experiencia en inversión inmobiliaria, deberá aprender. Aprenda mucho. Le llevará tiempo y dinero, no de gastar, sino de invertir en su proyecto y en sus capacidades para llevarlo a cabo.

Conclusión

¿Recuerda la introducción de este libro? Hablábamos del desempleo, del estrés y lo duro del trabajo. Y terminamos evocando un futuro en el que es posible divertirse, realizar los propios proyectos personales, vivir más serenamente, trabajar por uno mismo y por los que uno ama.

Esto es exactamente lo que mi viaje me ha permitido completar y es esta experiencia la que quería compartir con ustedes. No puedo garantizar que mi experiencia y las lecciones que he aprendido, incluidas las que comparto con ustedes hoy, sean una receta universal para el éxito. Es imposible. Sin embargo, espero que le ayuden a proteger su trabajo, a progresar en su carrera y sobre todo hacia la posibilidad de vivir su vida al máximo, sin dejar de sufrirla.

Muchos puntos muy diversos han sido abordados en este libro. Algunos probablemente dirán que es un «cajón de sastre». Y tendrán razón en cierto modo. Me di cuenta de que todos estos elementos forman un todo. Si falta uno, es como si estuviera olvidando un ingrediente importante en su receta: el plato probablemente se dañará. Y todos estos elementos interactúan entre sí como los ingredientes de su receta. Hay un efecto acumulativo que se produce y que, en una determinada etapa, no realmente predecible, le hace despegar hacia el éxito. ¿Cómo explicarlo? No sé.

No se haga una película sobre lo que es una empresa y el mundo que nos rodea. Vivir en una ficción le pondrá a dormir, no le impedirá sufrir y sobre todo probablemente le hará extrañar su propia vida. No se duerma en sus sueños. Tampoco los deje de lado. Por el contrario, hay que convertirlos en metas a alcanzar.

Se transformarán así en un poderoso motor de motivación y felicidad. Consciente de la realidad de las cosas, dotado de objetivos claros, un estado mental sólido, habilidades y tiempo en constante aumento, tiene todas las oportunidades de su lado para tener éxito. Ya no necesitará solo esperar, podrá actuar de manera efectiva y eso marcará la diferencia.

Tendrá todas las oportunidades de su lado para asegurar su trabajo, acceder a puestos más gratificantes y remunerativos. También tendrá todas las oportunidades para hacer posible esta independencia financiera tan a menudo evocada, tan a menudo soñada. Finalmente será accesible para usted. Volverá a ser dueño de su tiempo.

Ya no perderá este tiempo y, en consecuencia, su vida. Volverá a ser dueño de su vida. Es un sentimiento absolutamente único que cambia su existencia de la inseguridad a la serenidad, la plenitud y el orgullo propio.

Si yo he sido capaz de hacerlo, si otros han sido capaces de hacerlo, usted puede hacerlo. El curso será una verdadera aventura. Experimentará momentos de alegría, períodos de desmotivación, momentos difíciles, eso es seguro. Más de una vez, querrá rendirse, pero aguantará. La serenidad, la plenitud y el orgullo de sí mismo ganan. No se obtienen ni por suerte ni por esperanza, sino sólo por acción.

Al leer este libro, ha logrado usted una de estas acciones.

Ahora es el momento de que pase a las siguientes.

Sea feliz. No tengo nada más que desearle.

Bibliografía

Dalio, Ray, *Principios para el éxito*, Valor, 2020

Schroeder, Alice, Warren Buffett – *La biografía oficial, La Bola De Nieve*, Valor, 2010

Kiyosaki, Robert T., *Padre rico, Padre pobre*, Un mundo diferente, 2017

Kiyosaki, Robert T., *El cuadrante del flujo del dinero*, Un Mundo Diferente, 2015

Buffett, Warren, *Los escritos de Warren Buffett*, Valor, 2010

Branson, Richard, *Screw It, Let's Do It: Lessons In Life*, Virgin Books, 2006

Branson, Richard, *Like a Virgin: Secrets They Won't Teach You at Business School*, Portfolio, 2012

Churchill, Winston, *Memorias de guerra*, Tallandier, 2020

Aurelio, Marco, *Pensamientos para mí mismo*, Flammarion, 1999

Sun Tzu, *El arte de la guerra*, Flammarion, 2017

Schopenhauer, Arthur, *El arte de tener siempre la razón*, 2019

Van Vogt, Alfred E., *La fauna del espacio*, J'ai Lu, 2011

Isaacson, Walter, *Steve Jobs*, Le Livre de Poche, 2012

Belfort, Jordan, *El método del lobo de Wall Street*, Talent, 2019

Arnault, Bernard, *La pasión creativa*, Plon, 2000

Orwell, George, *Rebelón en la granja*, Folio, 2021

Great Midlands
PUBLISHING

www.ingramcontent.com/pod-product-compliance
Lightning Source LLC
LaVergne TN
LVHW052138041026
849558LV00042B/540
* 9 7 8 1 9 1 6 7 0 2 0 6 6 *

मेरे अद्वितीय गुरु

श्रीयुत ऋषि शिवदयाल सिंह जी सारस्वत (रुड़की)

(1836 - 1872)

– श्रीयुत सत्यानंद जी अग्निहोत्री (1850 - 1929)

संस्थापक, देव समाज